Mario Widel
7515 Crickwood Ln
Indianapolis, IN 46268

QUE NO SE VAYA NADIE
SIN DEVOLVER LA GUITA

Diseño de tapa: María L. de Chimondeguy / Isabel Rodrigué

EDICIÓN AL CUIDADO DE JULIO PARISSI

ENRIQUE PINTI

QUE NO SE VAYA NADIE
SIN DEVOLVER LA GUITA

EDITORIAL SUDAMERICANA
BUENOS AIRES

```
A863      Pinti, Enrique
PIN         Que no se vaya nadie sin devolver la guita.- 1ª. ed. –
          Buenos Aires : Sudamericana, 2003.
            192 p. ; 22x14 cm.

            ISBN 950-07-2333-6

            I. Título – 1. Narrativa Argentina
```

Todos los derechos reservados.
Esta publicación no puede ser reproducida, ni en todo ni en parte,
ni registrada en, o transmitida por, un sistema de recuperación
de información, en ninguna forma ni por ningún medio,
sea mecánico, fotoquímico, electrónico, magnético, electroóptico,
por fotocopia o cualquier otro, sin permiso previo
por escrito de la editorial.

IMPRESO EN LA ARGENTINA

*Queda hecho el depósito
que previene la ley 11.723.*
© 2003, *Editorial Sudamericana S.A.*®
Humberto I° 531, Buenos Aires.

www.edsudamericana.com.ar

ISBN 950-07-2333-6

CAPÍTULO 1

El país es una foto del 20 de diciembre de 2001

ARGENTINA AÚN VIVE

Esto es milagroso. Yo creo que es bastante milagroso que el país exista todavía.

A nosotros, los que estamos abajo, los que no tenemos acceso al poder, al verdadero poder —en mi caso sólo tengo la posibilidad del poder de hablar, porque me hacen un reportaje o porque publico un libro, algo que los demás, la otra pobre gente, a la que yo pertenezco más que a la gente del poder, ni eso tienen—, nos asombra observar cómo es que la Argentina sigue manteniendo un nombre, cómo es que sigue teniendo una entidad, cómo es que sigue teniendo una entidad mala pero todavía es un país reconocido —reconocido para cagarlo, pero reconocido aún— y cómo es que no se desintegró.

Nosotros no sabemos por qué ocurre este milagro, aunque hay mucha gente que dice que no es tal, que la Argentina está desintegrada. Y que, casualmente, muchos de nosotros no nos queremos dar cuenta del hecho de que está desintegrada.

A pesar de esas opiniones, yo creo que no, que nuestro país no está desintegrado. Creo que el país está trabajando con las fuerzas vivas, con las famosas fuerzas vivas a las que siempre apelaban todos los políticos, cuando decían en sus campañas electorales o de gobierno: "Apelo a las fuerzas vivas del pueblo". Y son esas fuerzas vivas las que todavía, en estas horrendas circunstancias, han hecho reaccionar a la gente. Son las que permiten el trabajo de los cartoneros, son las que permiten que se formen algunas cooperativas para reabrir fábricas. Por supuesto, se reabren y trabajan en muy malas condiciones, porque son las circunstancias que tenemos hoy por la crisis y la falta de dinero. O como hay tipos en Jujuy tratando de cultivar y empezando a darse cuenta de que la tierra da sus frutos y, antes de que se aviven algunos de los que están ahí y se la saquen y la vendan a una granja en Kentucky, ellos puedan comenzar a aprovechar lo que tienen, disciplinándose un poco para hacer pequeñas cooperativas agrícolas que les permitan no morirse de hambre —no solamente vender, sino, principalmente, comer—. Porque lo que más golpea a cualquier sentido común, por más modesto que sea ese sentido común, es que el hambre ahora existe, que no es una bandera mediática agitada por grupos para ver si pueden conseguir cosas. El hambre existe y de manera generalizada. La mala alimentación y la desnutrición existen. Lo que hay que avisar, también, es que la mala alimentación y la desnutrición existen desde hace un montón de tiempo y se han ido gestando desde hace muchos años porque la gente fue prescindiendo de alimentos buenos, de alimentos ricos en proteínas. Se ha ido privando de hacer una dieta medianamente equilibrada, aunque sea intuitiva. Tenemos el ejemplo del paisano nuestro, que nunca hizo una dieta racional, siempre fue intuitivo. Se alimentó de carne y pasto, digamos, y nunca tuvo colesterol —después descubrieron que las vacas argentinas no tienen colesterol, y parece lógico—. Por eso la gente que ha comido chorizos, morcillas, mollejas, chinchulines o tiras de asado durante toda su vida, ha vivido hasta los 104 años con colesterol 80. Es así, la gente de campo, que ha comido nada más que carne roja, o sea todo lo que está prohibido, no tiene colesterol alto. Por eso, el ilustre pensador riojano Carlos Saúl Menem dijo que nuestras vacas no tenían colesterol porque comían pasto sin productos químicos. Lo descubrió y se lo dijo al mundo, y éste es uno de los pocos datos ciertos que dio en su vida y hay que remarcarlo, porque se merece una efemérides. Pero hoy la gente no tiene dinero en el bolsillo ni para la más económica de las dietas equilibradas. Y esto es general. Ya no se da en los bolsones de pobreza como hace veinte o treinta años. Hoy la pobreza se ha extendido a lo largo de todo el país y a todos los rincones de las ciudades.

HASTA LA KRUEGER HABLA DEL HAMBRE

Toda esa red de mala alimentación que tenemos hoy, y desde hace un tiempo, está haciendo estragos. Hace poco escuché a Alberto Cormillot en el programa de Jorge Lanata hablando de la mala alimentación —¿te das cuenta?, el país está tan dado vuelta que Alberto Cormillot va a hablar en un programa político, aunque, aclaremos, el doctor ya se había dedicado en el pasado a la política, con poca fortuna—. Él sabe mucho de alimentación, y allí hablaba de la mala alimentación, explicando que se debía a la violenta crisis económica que padecemos. Afirmaba que todos los planes que se hacen desde el gobierno no cierran nunca el problema social, y que las dos cosas básicas más importantes son la educación y la alimentación. Y éstas, la educación y la alimentación, no están nunca en ningún plan o plataforma política. Él considera que son elementales y que tendrían que estar. Yo lo escuchaba —y, reitero, ya estuvo en política con resultados no muy buenos—, me escuchaba a mí diciendo este tipo de cosas, y me preguntaba dónde me encontraba viviendo, si estaba en Bangladesh o en Zambia. ¿Dónde estaba? Que en la República Argentina se esté hablando de que en las plataformas de los partidos tiene que figurar una política de alimentación, más allá de toda la parafernalia mediática, más allá de lo que puede haber detrás de las palabras de cada personaje que se dedicó, se va a dedicar o se dedica a la política, más que todo eso, indica la pavorosa realidad del país de esa foto.

Esa foto, oculta, como la desnutrición, es un problema que ni siquiera el autismo político de nuestros dirigentes puede evadir hoy en día. Imaginate lo que debe ser, la gravedad que debe tener, para que ellos, en su nube de pedos, en su cápsula espacial, puedan percibir que ese problema lo tienen que poner en los planes de gobierno de una vez por todas. Para que la Krueger, que es Terminator IV, que es la abuela de Freddy Krueger de la pesadilla en lo profundo de la noche, haya dicho: "Miren que si no pagan no vamos a darles los fondos para planes sociales que necesitan" es que, realmente, vivimos una situación gravísima.

El hecho de que esa mujer —que no es de hierro, porque el hierro es un material noble, sino de una especie de madera terciada de mala calidad, totalmente insensible— haya puesto el tema y la palabra social —que nunca la ponen porque tienen miedo de que se deforme a socialismo, de socialismo a comunismo, de comunismo a trotskismo, y de trotskismo a Irak, o sea, tienen miedo a una de esas deducciones disparatadas—, haya dicho las malas palabras "gasto social", indica hasta qué punto está destruida y arrasada esta Argentina que, sin embargo, parece estar en pie.

Y que, sin embargo, está en el mundo.

Que permite movilizaciones, aunque esas movilizaciones también sufren las represiones que todos conocemos y vemos a diario por todos los medios.

UNA FOTO DE MALA CALIDAD

O sea, es una foto que sacamos el año del raje patético de De la Rúa en el helicóptero. Todo está como era entonces, pero peor. Como lo que ha pasado en Jujuy con la enorme cantidad de detenidos, chicos, mujeres, todos reprimidos sin distinción. Eso fue como el 20 de diciembre de 2001, pero a lo bestia. Porque si lo del 20 de diciembre fue terrible, lo de Jujuy fue cien veces peor en un lugar cien veces más chico, y con mucha menos gente. Se vuelve a entrar a patadas en la casa de la gente, se la vuelve a sacar de los pelos o del culo, y se tipifica el accionar de las movilizaciones con algo que dentro del Código Penal —estirando un poco la ley— se puede interpretar como sedición, incitación a la revuelta y asociación ilícita para delinquir. Esto pasa en un país en donde los bancos se quedan con tu plata y no es una asociación ilícita para delinquir. En cambio, si una persona va a pedir comida, es considerado una asociación ilícita para delinquir.

Ellos tratan de presentarlo de otra manera, porque en este país nuevo que está empezando a crecer volvemos otra vez con las deformaciones, las peligrosas deformaciones ideológicas: "No, no vayan a pensar que son pobre gente que está muerta de hambre. Ésos son infiltrados que les paga no sé quién". No sé, debe ser el petróleo de Irak, porque el oro de Moscú ahora está desviado para otro lado, si es que todavía les queda algo de ese famoso oro. No sé qué van a decir ahora, quién alimenta a esa gente. Es pavoroso escuchar a una señorona declarar en alguna revista: "Los piqueteros son toda gente paga. Evidentemente, les pagan para estar ahí". Es pavoroso, porque nos retrotrae a otro tiempo en un país que parecía que había cambiado —no digo superado, porque aquí no se superan las cosas malas—, que ese tipo de cosas no se iban a decir más, que no se usaban, que quedaban *out*, que eran bochornosas. Pero ahora estamos volviendo a escuchar frases como: "Infiltrados", "Están todos pagados", "Esa gente que manifiesta o hace piquetes no es la gente que se muere de hambre".

¿Qué debemos pensar de esas frases? Únicamente que ellos quieran decir, en su lenguaje surrealista, que la gente que se muere de hambre ya está muerta de hambre. Esta gente —los piqueteros o los de las movilizaciones— para poder tirar una piedra con fuerza tiene que comer. Ellos saben que el resto está totalmente hambreado, que ni se pueden levantar de la cama y están en plan de muerte, o ya muertos. A menos que quieran decir eso, no le encuentro otra manera lógica de entender ese pensamiento. Porque, realmente, lo único que empuja a la mano que tira la piedra es el hambre, la desesperación, la sensación de que ya no vale ningún diálogo, de que ya están hartos de escuchar y escuchar, y han ido cediendo hasta llegar al fondo, a tener esto que tienen, o sea, a no tener nada.

No se quiere entender cuál es el problema y se le da al resto de la sociedad una explicación tan horrenda como delirante. Ahora, yo me pregunto: ¿quién compone el resto de la sociedad?

SE TRATA DE ENTENDER AL OTRO

El resto de la sociedad es una persona que tiene que saber que en su nivel, sin llegar a esos grados de protesta, están golpeando las puertas de los bancos, tratando de tirarlas abajo. Que todavía tiene un relojito de oro en su muñeca, vestigios de un esplendor que hasta hace un año tenían, y si no era esplendor, era buen pasar. Ese resto de la sociedad, esa gente de buen pasar, de la clase media y de la clase media alta, está golpeando la puerta de los bancos, pintarrajeando sus frentes y haciendo desórdenes, o sea, formando también una asociación ilícita para delinquir, porque está haciendo lo mismo que los manifestantes de Jujuy. Ése es el resto de la sociedad.

Al que no lo cagó el corralito lo cagó la desocupación, al que no lo cagó la desocupación lo cagó la pesificación, al que no lo cagó la pesificación lo cagó la privatización, al que no lo cagó la privatización lo cagó la importación o la exportación, cualquiera de las dos cosas, porque tenía una fábrica de insumos nacionales y tuvo que cerrar pues se traía todo de afuera. Ese resto de la gente, sin empezar a contabilizar si la cagó una cosa o la cagó otra cosa, y que debería formar una gran parte de la otra parte del pueblo, no entiende a esa otra parte del pueblo que está muerta de hambre.

Yo no quiero que la justifique; yo tampoco la justifico. Me parece ocioso decirlo, porque la violencia armada es terrible en el fondo, y en última instancia inútil. Pero la gente debería tener la capacidad de comprenderla y no echarle la culpa a factores externos, a guerrilleros que vienen de no sé dónde, a un brazo de Sendero Luminoso o a zapatistas que han venido hasta aquí y bajaron en paracaídas. Volver otra vez con esa paranoia de "lo que viene de afuera", en lugar de saber que esto es "lo que viene de adentro", es el mismo error de querer echarle la culpa solamente al Fondo Monetario Internacional, cuando la realidad es que el Fondo ha implementado su política cuando se les deja implementar. Se supone que el Fondo da pautas, y uno las acepta o no.

Fijate que las pautas que le dio a Brasil o las pautas que le dio a Chile permitieron que la economía chilena, con todos los desniveles que pueda tener, siga siendo la más fuerte de toda Latinoamérica. Y Brasil siga teniendo una industria y le pueda decir a O'Neill que corrija su lenguaje, que no hable de cuentas numeradas en Suiza porque, de otra manera y si no retira lo que dijo, no va a entrar al país. Es decir, dentro del yugo hay distintos grados de ajuste de clavijas, de manera que uno no puede echarle toda la culpa al Fondo Monetario Internacional de los desastres que se han cometido desde acá adentro; no entiendo cómo la gente que está cagada, cada uno en su nivel, no pueda comprender —aun sin justificar— a esa gente que, desesperada, está tratando de buscar algún lugar en la sociedad de la cual ha sido echada, y que no tiene trabajo, en provincias como Jujuy, como Santiago del Estero o como el Chaco, que ya eran pobres cuando la Argentina era rica.

Cómo esta gente no comprende que si en noviembre de 2001 era rica, o tenía de todo, y que en el término de un año se ha quedado sin nada, golpeando las puertas de un banco y movilizándose —esa gente que nunca en su vida pensó que iba a ser parte de una movilización o una manifestación porque consideraba que quienes lo hacían eran todos comunistas—, ejerciendo violencia, peleándose con la policía, gritándole "¡Hijo de puta!" al policía que le pega, cuando ve a esa otra gente pobre protestar de manera parecida, no la entiende. No entiende que los dos, en diferentes niveles, están haciendo lo mismo. Esto es lo que a mí me asombra de este país.

SIEMPRE BLANCO SOBRE NEGRO

Me asombra que este país todavía esté vivo, me asombra que camine, me asombra que la gente no entienda a la otra gente, me asombra que, enseguida, se vuelvan a hacer eco de los viejos prejuicios: "A éstos les paga alguien", "Les pagan los de Irak", "Los chicos que tiraron al Riachuelo debían ser ladrones, porque son todos chorros. Entonces, finalmente, si eran chorros, no se perdió nada". Escucho a gente —taxistas, canillitas, mozos de café— diciendo esa estupidez en la República Argentina de hoy, donde yo pensé que el dolor por todo lo que pasamos nos iba a hacer madurar. Y resulta que no.

Por lo menos a un núcleo grande de la "clase masa" veo que no sólo no la hizo madurar: la boludizó. Esto no es la crisis del vecino, es la crisis nuestra, mía, tuya, de todos. Esto es insólito, inédito. No sé yo, por mi conocimiento de la historia, de ningún país que haya reaccionado de la misma manera. Quizás sean todos iguales, y uno no se da cuenta porque no vive en esos lugares. Yo puedo decirte, desde afuera y por lo bastante que he estudiado las costumbres de los pueblos, que nunca vi una cosa igual.

Nuestra superficialidad, nuestra manera rara de análisis, nuestra forma de ver la realidad, no se compadecen con ciertas cosas que nos pasan. Los norteamericanos también son muy simples para razonar, son muy equivocados para razonar, son muy sectarios para razonar, pero tienen una prosperidad tan masiva —masiva entre comillas, porque también tienen zonas de pobreza— que se sienten y son el primer país del mundo. Para ellos es más fácil tapar los gravísimos errores, las gravísimas contradicciones y los gravísimos contrastes que tienen porque es el mejor país del mundo. Mejor para ellos. Tal vez para los demás no será el mejor, pero sí el más poderoso.

¿Cómo es posible que nosotros, acá, que estamos en el culo del mundo, no tengamos otro tipo de pensamiento, y empecemos a comprar otra vez el pescado podrido de que "éstos están infiltrados" o que "la culpa es de Norteamérica"? Porque cada sector —los fachos o los zurdos— empieza con sus fabulaciones otra vez. "Esto es una conspiración del norte contra el sur". Sí, en algún lado cierra eso de la conspiración; en otro no cierra un carajo. No es tan así. No es siempre así. No es a todas luces así. Tampoco le conviene a nadie que sea así.

Nosotros preferimos —por esa manera simple o boludizada de ver las cosas— la solución de blanco sobre negro.

EL VIRUS DE LA ESPECULACIÓN

De las crisis —por lo que yo conozco de los países más cercanos a nosotros en algunos casos o más importantes en otros— se sale trabajando y dándole a la gente un lugar donde trabajar. Ganando más o menos, ganando poco, ganando lo que sea, pero de las crisis se sale trabajando. Dicen que Franco hacía que los españoles trabajaran en los pantanos, secaban pantanos o no sé qué mierda hacían los gallegos en la época de la crisis más tremenda después de la guerra. Pero les inventó cosas para hacer. En primer lugar, de esa manera la gente hasta está entretenida en algo; cualquier tirano lo sabe. En segundo lugar, eso, a la larga, produce. Un pesito vas a ganar. Y acá, en cambio, veo que de la crisis, que va *in crescendo*, se quieren salvar especulando.

Entonces, la gente especula. El desgraciado, el de la villa, el del barrio pobre, todos buscan sacar veinte dólares de algún lado para ponerlos en una caja de té, guardarlos y esperar que no crezca el agua en el próximo taponaje del arroyo Maldonado y se los lleve la corriente. La especulación existe desde el '77 con Martínez de Hoz hasta ahora —más allá del deseo que tiene la gente de laburar y que no encuentra dónde, que es una realidad innegable—, cuando se van a cumplir casi treinta años de una mentalidad especuladora que está a la vista, que no permite crecer a la República Argentina, ni con el dólar alto, ni con el dólar bajo, ni con la paridad cambiaria, ni con la inflación, ni con la estabilidad, ni con todo privado, ni con todo estatal, ni con la venta del país, ni con el regalo del país, ni portándose bien con el Fondo Monetario Internacional, ni siendo felicitado todos los meses diciéndonos "Ustedes son los mejores", ni en este confinamiento, aislamiento, en donde nos dicen "Ustedes son los peores, tienen la culpa de todo el desastre de Latinoamérica, *anche* del mundo". Ninguna de esas soluciones, a lo largo de treinta años, ha podido estimular a la República Argentina, porque nos han metido un virus tremendo, como es el virus de la especulación.

Cualquier sorete cree que puede especular. No alcanzaron los desastres de las mesas de dinero de la época de Martínez de Hoz, no alcanzó el violento Rodrigazo, no alcanzó la hiperinflación de Alfonsín, no alcanzó la súper estabilidad de Cavallo, la pesificación y la devaluación de Duhalde. No alcanza para que la gente se dé cuenta de que, más allá de toda la trampa —y siempre te trampean— no hay que apostar más a hacer que la plata traiga plata, sino que hay que apostar a la producción, como hace la gente que entendió por el hambre, y dice: "Vamos a hacer una cooperativa, vamos a plantar tomates y cebollas, y, en última instancia, tenemos para comer". La salvación pasa, evidentemente, por el lado productivo y no por el lado especulativo. Genera recursos y, en algunos casos, genera alimentos, para no tener que revolver los tachos de basura buscando comida podrida. Algo que salga de la tierra, una buena ensalada de tomates, una manzana, una naranja. Tenés una vaca, aunque sea una vaca, nada más, y ya tenés la leche, y tus hijos no se van a morir de hambre, no van a tener escorbuto o el mal de Chagas que la mala alimentación, de alguna manera, fomenta.

EL AUTISMO POLÍTICO

Cuando en la década del '90 empezaron a aparecer los casos de cólera, nadie les dio bola más que los noticieros sensacionalistas. Nadie les dio bola. Los funcionarios del gobierno de Menem, más los del gobierno de Alfonsín (fue en la última época de su gestión cuando empezaron los casos de cólera) no se dieron por enterados de que eso indicaba que había un estado sanitario tremendo en la República Argentina. Malísimo.

Cuando algo aparece —como el caso de una epidemia— es porque se gestó unos cuantos años antes. Si aparece en el '88 u '89 quiere decir que desde los '80 la cosa estaba mal. Pero nunca nadie se hace responsable. Los funcionarios y legisladores que piden jubilaciones de privilegio no presentaron ni un solo proyecto en la Cámara de Senadores, o de Diputados, o en el Concejo Deliberante. No figuran sus nombres en ningún lado más que en alguna lejana comisión que no funcionó nunca. No hicieron ninguna ley para prever todo este tipo de cosas. No están anotados en ningún proyecto de ley que no salió. Y mucha de esa gente pide jubilación de privilegio, y mucha de esa gente pide mil doscientos pesos por desarraigo. ¡Por desarraigo! Será porque extrañan el inodoro de su casa.

Esto forma parte de la otra foto. La gente sigue insistiendo en que se vayan todos, y no les dan el menor pie para que se pueda decir: "La verdad es que esto de que se vayan todos es una barbaridad. No se tienen que ir todos. Mirá éste las cosas buenas que hace, mirá aquél, mirá aquélla, mirá la otra...". No. Y los que hablan, con respecto a la coima en el Congreso, o con respecto a la corrupción en los sindicatos, hablan para embarrarla.

No les importa nada, no hay un gesto real, que no sea teatral o mediático, de renuncia a algo. No les está funcionando ni siquiera la demagogia de decir: "Renunciemos ahora, y en dos o tres años, cuando la cosa se calme, volvemos a poner las jubilaciones de privilegio y el desarraigo y, por ahí, pasan inadvertidas". ¡No, no, no! Insisten en agarrarse de eso que está ahí, y que todo siga como está.

LA EPIDEMIA DEL ENGAÑO

¿Será, como dicen algunos, que el país está desintegrado y nosotros no nos hemos dado cuenta? A lo mejor no nos damos cuenta porque todo el mundo sigue haciendo las cagadas habituales. Como siguen pidiendo dinero por desarraigo, y como siguen pidiendo el juicio a la Corte, parece que todo está igual. Lo que nos pasa puede ser el inicio de la desintegración y no nos damos cuenta, todavía. No te olvidés que recién ha pasado apenas algo más de un año de esa foto del 20 de diciembre de 2001 y el país tiene reservas de toda naturaleza para seguir un año y medio o dos años su marcha. Aún estamos en ese año y medio o dos años que, si esto no cambia ni mejora, ahí sí vamos a empezar a ver las cosas que no queremos que ocurran. Ése es mi terror, ése es mi temor y es el temor de toda la gente que todavía tiene un sentimiento de amor hacia su lugar y su casa.

Estamos trabajando para un futuro horrible, estamos trabajando para un futuro sin futuro. Estamos trabajando, evidentemente, para consecuencias imprevisibles, porque, justamente, todo parece ir hacia consecuencias imprevisibles.

Aunque siempre hay que tener en cuenta que el país y el mundo son milagrosos. Todos los países del mundo, aun cuando parece que están caídos para siempre, de pronto le dan una vuelta de campana a la historia y van para adelante.

Puede haber milagros, puede haber cambios. Los acontecimientos pueden precipitarse de una manera o de otra, y los mapas políticos cambian en menos de lo que dura un pedo en un canasto, esto es verdad. Pero, de todas maneras, lo que se ve como progresión lógica de la

Argentina indica un futuro tremendo. Con el agregado de un problema: la incógnita de quién va a integrar el próximo gobierno, si es que hay próximo gobierno.

Supongo que el Estado va a tener que existir, pero los candidatos que se barajan en nuestro país son, como mínimo, imprevisibles. No sé si uno de afuera lo ve distinto o lo ve mejor. Brasil, por ejemplo, tiene a Lula. Es muy probable que esté haciendo la de Menem: "Síganme, que no los voy a defraudar". Porque antes Lula era "O terror do Fondo", y ahora resulta que el Fondo quiere que esté Lula. Y era el terror de los banqueros brasileños, y ahora los banqueros brasileños lo están apoyando. Esas cosas no se consiguen porque el mercado pensó "No, nos conviene más Lula porque...". No, eso se consigue por pactos, promesas, reuniones, cenáculos a puertas cerradas, sin grabadores y sin cámaras de televisión ocultas, en donde se dice: "Mirá, vamos a hacer esto, esto y esto... Vamos a aprovechar ese caudal de apoyo popular que tenemos para hacer estas transformaciones".

Lo único que espero es que le sirva la dura lección que tuvimos de Menem, y que, si lo llega a hacer, no lo haga de la manera desordenada, absurda, descabellada y corrupta como se hizo en todo el gobierno de Menem. Esperemos. Porque si no el contagio va a ser mucho peor de lo que nosotros creemos. Y no va a ser sólo el contagio de dolarizaciones, pesificaciones y corralitos, sino que va a ser el contagio de una técnica de engañar a la gente, al darle diez años de jauja y que esos diez años de jauja los tenga que pagar la próxima generación con veinte años de pobreza, de miseria y de desvalorización.

TAMBIÉN FUIMOS CÓMPLICES

A mí, realmente, me cuesta creer que el pueblo haya sido cómplice, por su ignorancia, de las privatizaciones que hizo Menem.

Pero lo fue. Lo fue. Eso no me lo saca nadie de la cabeza.

Yo discutí, me quedé afónico, me volví loco discutiendo el asunto de las privatizaciones. Y nadie me daba pelota. Gente de más y menos plata, gente pobre, gente paupérrima, todos. Periodistas, intelectuales, brutos, animales, travestis... Todos: "Sí, que sí, que sí...", me decían. "Si esto se hace mal, se arregla. Ya se verá cómo. Pero, hacerlo, hay que hacerlo", me decían.

"¿Sin ningún control estatal, sin que nadie regule nada, sin que...? Pero, ¡no es posible!", dije yo. No es un problema de nacionalismo, no es un problema estúpido de patriotismo de decir que no voy a ver más la banderita argentina en la empresa... No. Es un problema elemental: ningún país del mundo deja el control, salvo los países paupérrimos, y nosotros todavía no éramos un país paupérrimo en la década del '80. Ahora tampoco lo somos, aunque estamos al borde de serlo.

Por supuesto, las condiciones en que estaban las empresas no daban para hacernos los compadritos o exigir mucho, porque estábamos muy caídos y necesitábamos venderlas. Pero, ¡no de cualquier manera! No sin control, no sin una regulación mediana. Estados Unidos no ha vendido nada suyo y allí la empresa privada está totalmente regulada por el Estado.

Nosotros hemos permitido que la plata de nuestras empresas se vaya del país, que nadie tenga obligación de dar cuenta de nada. Desde el Estado se le ha dicho: "Usted, con la plata, haga lo que quiera". Esa manera de manejar las privatizaciones se habría entendido —no justificado— si luego hubieran traído una ola de trabajo al país. Si hubiéramos bajado, gracias a eso, del catorce por ciento de desocupación al dos por ciento, es decir, casi ocupación plena. La ocupación plena y las fuentes de trabajo funcionando hacen que la gente viva. Pero, al contrario, las privatizaciones, encima de haber sido hechas de ese modo tan irracional y despelotado, trajeron desocupación.

¿Cómo es posible que el pueblo haya sido cómplice de eso? ¿No se daba cuenta de que el Estado estaba empezando a funcionar mal? No. ¿Por qué no se daba cuenta? Porque lo dejaron especular. Y ésa es la razón por la cual, desde Martínez de Hoz hasta acá, no se habla de otra cosa.

MI INAGOTABLE CAPACIDAD DE ASOMBRO

La gente progresista votó a la Alianza porque estaba Chacho; decían que el Chacho iba a defender la parte social. Por otro lado, la gente de derecha, que quería que continuara la convertibilidad y que de lo único que se había hartado era de ciertas figuras menemistas irritantes, además de no haber podido tragarse el sapo amargo de la AMIA y de la embajada de Israel, del crimen de Menem junior y de una serie de cosas que estaban pasando de castaño a oscuro, votó a De la Rúa. Lo votó porque sabía que De la Rúa no iba a cambiar nada y Chacho iba a dejar la conciencia tranquila. La conciencia tranquila se fue dando un portazo, y el que no iba a cambiar nada, no cambió nada. A tal punto no cambió nada que llamó a Cavallo para que le organizara el desbarajuste que se hizo en los siete primeros meses de su gobierno.

Y ni aun con Cavallo logró algo, porque fue una mala movida: Cavallo estaba peleado, en ese momento, con todo el grupo de Menem. Ellos no iban a bancarlo, porque un "éxito" de Cavallo en un gobierno que no fuera el de ellos les podía hacer perder mucho. Esto no quiere decir que yo adscriba a la teoría conspirativa, y que todo lo que nos pasa se debe al cerebro de Menem y su entorno. Eso sería tan ridículo como decir que el Fondo Monetario Internacional tiene la culpa de todo. No, no, para nada. Pero, evidentemente, hay toda una serie de lobbies y factores muy fuertes de poder que, de repente, toman a alguien como estandarte, lo usan y después lo dejan de usar. Esto es evidente.

Yo acepto que la gente no esté haciendo esta lucubración, pero no entiendo por qué la gente sigue votando todo lo que no la beneficia. ¿Cómo no se da cuenta de que a la larga no es beneficioso? Eso es algo que también me intriga de la República Argentina. Nunca pensé que al cumplir 63 años iba a tener tantos enigmas. Debe ser eso lo que me mantiene bien, me mantiene fenómeno, me mantiene activo y no se me arrugó la cara, a pesar de que tengo mil motivos para que eso me ocurra.

Debe ser que todavía sigo estando a la expectativa y con una capacidad de asombro inagotable. Me asombro, y digo: "¿Cómo no se dan cuenta? ¿Por qué hacen esto?" Y no me refiero solamente a los grandes esquemas de poder, sucio, corrupto, a cosas que uno ni se imagina la fuerza que tienen y hasta dónde llegan esos tentáculos de la mafia y de esos pulpos. Me refiero a la gente común que no para de equivocarse.

CAPÍTULO 2

No soy partidario de la violencia

VENTAJAS DE LA PROTESTA PACÍFICA

Veo la boludez del hombre común, de la mujer común, del ama de casa. Veo las tonterías que dicen. Por ejemplo, yo soy una persona a la que no le interesa el crimen ni el delito. Nunca me interesó. Soy antiviolencia, por lo tanto soy antirrobo, antichorro, antisecuestro, antibomba, antiguerrilla, anti todo eso. Soy una persona que no quiere quebrar la paz de ninguna manera, salvo con la palabra. Puede ser la palabra airada, el grito, el insulto. Hasta ahí, sí, hasta la movilización, sí. Pero siempre hasta ahí.

No soy partidario de una piedra, siquiera. Y lo aclaro siempre. Y lo digo siempre.

No soy partidario de la violencia porque no es una buena solución. Siempre la violencia engendra otra violencia y hace que el objetivo buscado se pierda. Te pongo un caso: yo quiero tener laburo, entonces voy y rompo la intendencia a pedradas. Después me hacen un proceso porque rompí la intendencia. Objetivamente es cierto, como también es cierto que esa intendencia, o la Casa de Gobierno, o lo que sea, ejerció violencia sobre mí dejándome sin trabajo. Lo que pasa es que esa violencia es una violencia sutil y la mía es una violencia concreta. La ley no pena la sutileza y sí pena lo otro.

La realidad es que no conviene que yo les dé pie para que me lleven preso, porque una vez que entré a la cárcel no puedo hacer absolutamente nada, no puedo mantener a mi familia y me arriesgo a perder toda posibilidad de inserción en la sociedad.

Ésta es una de las razones por las cuales, cuando me preguntan qué personaje histórico admiro, yo nombro a Gandhi. Lo digo por eso, porque Gandhi logró con su aparente pasividad mucho más que veinticinco mil revolucionarios con las bombas. Creo que Gandhi logró más que Rosa Luxemburgo y que Trotsky. La historia lo mostró claramente.

Y más que el mismo Che, que consiguió una serie de revalorizaciones ideológicas muy importantes —creo que es una figura destacadísima de la segunda mitad del siglo XX— respecto de qué significa Latinoamérica y qué significa la tierra, de qué significa el conflicto de poderes y de toda una serie de cosas muy importantes. Creo que es eso lo que sobrevive del Che. Lo que sobrevive es su teoría, no la práctica. La práctica no pudo sobrevivir, no tuvo éxito. Fue aplastada, fue desprestigiada. Pero no pudieron desprestigiarlo a él, porque él escribió, habló, y lo más importante fue su teoría, que no era una teoría idealista para sentarse a leerla, era una cosa práctica. Quería que los pueblos tuvieran autodeterminación. Y entre las cosas que decía estaba su creencia en la reactivación de los recursos naturales de cada país. Una de las diferencias que tuvo con Fidel fue ésa. Sostenía que no había que vivir de lo que daba la Unión Soviética, sino que había que industrializar la isla, y Fidel no estaba de acuerdo.

Todo eso, lo teórico del Che —pero no teórico al pedo—, es lo que sobrevive. La guerrilla, el comandante, la comandanta, el quilombo ese, no funcionó. El objetivo era bueno, lo equivocado era el camino. Desgraciadamente, son las idas y vueltas de la historia. Yo creo que se va más para adelante con una estrategia frontal y comunicando siempre todo. Sin la violencia, pero con la firmeza.

Adolfo Pérez Esquivel, por ejemplo, es un tipo que ha estado siempre con una total y absoluta pasividad, pero todas sus protestas fueron muy concretas, siempre para adelante con un objetivo muy claro, como la Carlotto. Ella no confronta, no grita, no dice frases como: "Vamos a matarlos a todos. Los chicos tenían razón. Murieron por una causa justa. Tenemos que volver a la guerrilla". Ella dice: "Esto está mal. Se hicieron cosas mal. Se cometió la gravísima injusticia de quitarles sus padres biológicos a personas que no tenían nada que ver con un conflicto armado, y hasta que no vuelva cada uno a su casa, yo no paro". Hasta la quisieron matar, porque no quiere decir que la cosa pacífica te va a evitar problemas. Al contrario, te van a matar igual, tal vez peor que al violento. Pero, a la larga, siembra más, muchísimo más.

JUNTOS, PERO NO MEZCLADOS

La violencia que vos quieras ejercer siempre te aleja de la gente. Es por eso que la gente se engaña, y también es fácilmente engañable. Porque en medio de todos aquellos que sufren por haber sido marginados a una villa miseria hay una sociedad delictiva real dentro de esa misma villa, que comete ilícitos sin que esos actos sean producto de una injusticia social. Lo tremendo es adoptar esos mismos comportamientos. O sea, que la miseria te mezcle en la misma bolsa con los delincuentes. Entonces, la sociedad no te cree cuando salís a pedir lo que te corresponde por derecho.

Por eso me parece muy positiva la actitud de muchos vecinos de La Cava o de todas las villas miseria que optan por segregarse de la violencia y que van a los medios de comunicación a decir: "Vivimos ahí, pero no somos eso que nos endilgan". Con esa actitud se arriesgan a muchísimo, porque les van a pegar de todos lados. Pero eligen la dignidad de decir: "No soy eso. Yo soy una persona pobre, humilde y, además, soy una persona sin trabajo. Hace cuatro años tenía trabajo y fui despojado de mi derecho constitucional de trabajar" (porque, no nos olvidemos, es un derecho constitucional). Es gente que alguna vez leyó la Constitución Nacional, y va con la Constitución en la mano a decir: "Acá, el trabajo es un derecho y me lo han quitado. Y no porque yo me porté mal, o porque yo faltaba al laburo, o porque me emborrachaba y llegaba tarde, o porque tomaron un empleado mejor, sino porque cerraron la fábrica, cerraron el almacén, cerraron el shopping, cerraron todo, me tiraron al medio de la calle y no dejaron que me reciclara. Estoy en la indigencia, en la miseria, en el hambre. Veo que mis hijos se mueren de desnutrición, que no me alcanza la plata o que no la tengo, que me desespero, pero no soy de esa banda que está ahí, al lado de donde yo vivo".

Esa diferenciación sirve, si los medios ayudan —que a veces ayudan por una cuestión de sensacionalismo, nada más—, para contrarrestar otros medios que existen, que están mostrando al pobre como un forajido. Y esto es lo último que tiene que pasar en la República Argentina. Si al pobre se lo identifica con un forajido, nada más, estamos listos.

Lo que yo no entiendo es cómo todos —todos—, aun los que se supone que tienen más y que hoy en día están empobrecidos, no pueden comprender, desde su propia pobreza, desde su propio derrumbe, desde su cacerolazo o golpeando los blindex de los bancos de la calle Santa Fe, que es lo mismo lo que le pasa al otro. ¿Cómo no lo entienden?

Porque si vos me dijeras que la gente que tiene la plata en el banco hace apagones desde su casa, podemos verlos como diferentes o como gente que realiza su protesta de una manera diametralmente opuesta al piquetero. Pero no. Salen y revientan la puerta del banco. Hacen lo mismo, o quizás con más violencia que el piquetero y, sin embargo, no lo entienden.

PELEÁNDONOS ENTRE NOSOTROS

¿Cómo no entiende al que está mucho más hambriento que él y desde hace muchos más años que él, y está en una ruta cortando el tránsito o quemando una goma? ¿Cómo no entiende? Que después le diga al piquetero: "Hermano, vos me estás jodiendo a mí, porque no llego al trabajo. Me estás jodiendo. La protesta hacela al costado, porque te van a ver igual, pero no me jodas a mí. Por acá no pasa Duhalde, por acá no pasa la señora Chiche, por acá no pasa Cavallo ni Sonia. Ellos van en helicóptero o en un avión particular, te pasan por encima y a menos que cortés una nube y vayas con un helicóptero a quemar gomas en un cumulus nimbus, no los vas a ver nunca. Está bien que esto es una protesta, pero me estás cortando a mí, que hace tres días que no puedo ir al laburo porque vos no me dejás pasar". Y, finalmente, el tipo termina brotado: "Te voy a matar". Sucede, a veces, que la estrategia lleva justamente a lo contrario que se busca. Lleva a que se brote la persona que es tan laburante como vos, que la única diferencia que tiene con vos es que todavía no perdió el laburo, y terminás peleándote con él. Mientras tanto, Duhalde come un asado con Menem para discutir qué van a hacer la próxima vez. Y Ruckauf dice: "Brutal", mientras Rico y Patti comen un rico paty. Mientras ellos hacen sus transas, uno está ahí abajo. El boludo peleándose con el otro boludo. Uno cortó la ruta; el otro no puede pasar. Nos estamos peleando entre nosotros, en vez de atacar el problema.

Pero si vos hacés la manifestación a un costado de la ruta, con todo el quilombo que quieras hacer, al cabo de un tiempo también molesta. Como molestó la Carpa Blanca, que fue un grano en el orto. En plena estabilidad, en plena euforia del uno a uno, fue un grano en el ojete. Y nunca cortaron ni un minuto el tránsito.

Ahí nadie dijo nada. Ahí nadie dijo "Les pagan". La gente que llegó a decir una cosa así fue aplastada por la mayoría de la clase media y de la clase media baja, que la defendió. Aun la gente que decía "Las maestras trabajan poco, tienen vacaciones de tres meses" no pudo estar en contra. Ni esa gente pudo oponerse ni decir que estaba en contra. Solamente María Elena Walsh, que se chispoteó y quiso decir otra cosa, algo original, se fue para el otro lado y lo expresó mal. No creo que haya querido decir que estaba en contra de eso, sino que, a lo mejor, habló del desgaste de algo que fue mantenido durante tanto tiempo. Habrá querido decir eso, porque yo también opino algo parecido de los cacerolazos. Lo opiné no bien empezaron. Dije: un cacerolazo, dos cacerolazos, sirven. Veinte mil cacerolazos es ninguno, porque la gente se harta. "Ah, están caceroleando otra vez...", terminarán diciendo. Y no pasa nada.

Creo que, sin tener que ver con este contexto, las Madres de Plaza de Mayo, en plena dictadura, dando vueltas alrededor de la pirámide todos los jueves, y la Carpa Blanca son el típico ejemplo de que llegó a todo el mundo —a todo el planeta— la protesta de la Argentina. Y esto fue por medio de la protesta pacífica, sin confrontación. En el caso de las Madres, lógicamente, tampoco podían. Si lo hacían, las mataban. De hecho, mataron a muchas. Pero no pudieron matarlas a todas, y esa vuelta por la plaza, a pesar de toda la censura, a pesar de todo el terror, llegó a todos los rincones del planeta y se convirtió en un símbolo mundial.

Frente a mi planteo de una protesta sin violencia, hay quienes me dicen: "Siempre vienen infiltrados de la policía". Bueno, pero, ¿qué pasa? ¿No los conocemos? ¿Estamos tan pelotudos que cualquiera puede colarse en una marcha para armar quilombo y no nos damos cuenta de que es un infiltrado?

NO NOS CANSAMOS DE DECIR ESTUPIDECES

La gente vuelve a decir estupideces como cuando, por ejemplo, tiraron a tres chicos al Riachuelo —es un caso entre varios hechos de gatillo fácil o de abuso policial— y alguna gente dijo: "Tiene que haber más policías en la calle". La palabra no es *más*, la palabra es *mejor*. Ya te asombra el mal manejo del idioma. Tiene que haber *mejor* policía en la calle. Porque para que la policía haga eso que hace, no sirve que haya más. Lo que tiene que haber es mejor, porque, para que uno se sienta protegido siendo una persona decente y teniendo derechos que debe defender, el policía tiene que ser una persona decente como vos, que sepa defender tu derecho. El policía no puede ser una persona que empuje gente al Riachuelo para sacársela de encima.

Si fuese un caso aislado entre mil, bueno, se puede comprender. Pero si no es un caso aislado —hay denunciados, con todo el miedo que se tiene de denunciar esos hechos, alrededor de veinte o treinta casos por mes, más todos los que puede haber sin denunciar—, ¿cómo es posible que la gente no entienda que no es *más* sino *mejor*? ¿Cómo es posible que la gente se prenda al mensaje fascista del gatillo fácil porque cree que actuando así se logra que haya un delincuente menos? ¿Quién es un delincuente menos? ¿Esos chicos eran delincuentes? ¿No eran delincuentes? Si eran delincuentes, ¿no habría que haberlos llevado presos? ¿No existen las cárceles para los presos? ¿No existen los jueces para que los juzguen? ¿No existe nadie que los ajuste a la ley?

Ésta es la misma historia por la cual yo discutí siempre la pena de muerte, además de no aceptarla por mis convicciones. ¿Quién va a implementar o decretar una pena de muerte? ¿Ese juez en el que no cree ni Menem, y frente al que se negó a declarar porque dice que a Oyarbide no le ve autoridad moral para que lo juzgue? Y, por segunda vez en lo que va del libro, tengo que coincidir con Menem.

¿Cómo es posible que esa persona decida sobre la vida de alguien? "Ah, pero se supone que va a haber toda una comprobación". ¿Quién va a hacer la comprobación? ¿La policía? En el estado en que está la institución, con algunos funcionarios sospechados a diario de diferentes ilícitos que manchan a todos, ¿podría ser creíble cualquier comprobación hecha por la policía?

La gente sabe más que antes de todo esto, y es una de las cosas que hace inviable, desde todo punto de vista, la pena de muerte. Ahora no está oculto eso. Hoy, como esas noticias escandalosas venden, se sabe.

¿PARA QUÉ QUIEREN EL AUTORITARISMO?

Hay una serie de factores de poder que quieren que el país retorne a un autoritarismo muy fuerte con el pretexto de combatir la delincuencia. La idea es que, con una fuerza represiva así, también evitarían las marchas, evitarían las protestas, evitarían los pedidos, los reclamos. Saben que el país no está en condiciones de darle trabajo a nadie, ni de darle mejoras a nadie, ni de darle aumento de sueldo a nadie, ni de darle mejores condiciones de vida a nadie. Por lo tanto, como saben que esto va a ir de mal en peor, necesitan establecer un Estado muy totalitario —no pueden volver a una dictadura militar porque estarían muy fuera de época— y necesitan que un gobierno democrático, o seudodemocrático, ponga gente autoritaria en un montón de lugares del Estado, y que los medios de comunicación estén manejados por gente de ideas autoritarias, o que labure para gente de ideas totalitarias, para que tengamos claro que si en este país te tirás un pedo, te matan. Esta campaña está hecha para amedrentar.

Si yo tuviera la misma idea que estos personajes —que no la tengo— pensaría que uno de los graves errores que tiene esta teoría, aparte de los otros que pueda tener, es la imposibilidad de ponerla en práctica, porque cuando se llegó al grado de abandono, de miseria y desesperación que hay acá, cuando se llegó a que pululen bandas totalmente desalmadas capaces de matar por un colchón mojado o por un sánguche de mortadela, la mano dura no es solución.

Eso lo podrían lograr en la época del Proceso, porque en el '76 había un 80% de la clase media, más toda la clase media alta —y de la clase alta, ni hablar— que tenía trabajo, buenas condiciones de vida, sin problemas. Algunos hasta tenían dos laburos. Con una sociedad medianamente próspera, con la panza llena, con el trabajo seguro, el problema se centraba en los focos guerrilleros. En las universidades, en los montes de Tucumán o en algún otro lado muy específico. Era mucho más fácil establecer el terror. Porque la gente tenía terror de perder lo que poseía. Tenía terror de que le pasara algo y quedar fuera de la sociedad. Y como no le pasaba nada, porque iba del trabajo a la casa y de la casa al trabajo en horas en que no había razzias, y si las había era buscando a guerrilleros que podían estar con una bomba por ahí, frente a una detención por parte de la policía, decía: "Muchísimas gracias por revisarme el baúl del auto, agente. A ver si todavía había una bomba". Y estos vivos sabían que si se zarpaban con alguien, lo hacían muy espaciadamente. Al pueblo, a esa gran masa de clase media, no le llegó la brutalidad.

Y la negó, sistemáticamente, porque el esquema de miedo estaba expandido en la sociedad y la gente decía: "No me voy a arriesgar". "Sí, no se arriesgue", le decían del otro lado, "y cuidadito con lo que habla". Es que esta gente tenía algo que defender, como su trabajo, su bienestar, su confort, etcétera. Pero cuando no hay nada que defender, cuando estás desquiciado, no aceptás estas cosas.

Si bien hay una parte del pueblo que quiere la mano dura, la pregunta es: ¿para qué? Esa parte pide la mano dura para que castiguen, maten y asesinen al que roba. Sólo para eso quiere la mano dura. Pero, en cuanto vea la explosión de violencia de ambos lados, tampoco va a poder vivir y se va a encontrar en medio de la balacera. Eso sí, cuando ocurra, esto va a ser el *far west*.

Por eso digo que no es viable la mano dura en este momento de la Argentina. Dejaron crecer demasiado la miseria para que esto pueda ser viable. Las mayorías la aceptaron hace veinticinco años porque tenían un país próspero que había que defender.

Los grupos autoritarios podrán imponer sus ideas represoras sólo en tanto y en cuanto puedan meterse en las zonas de poder. Imaginemos que en la provincia de Buenos Aires el gobernador sea Rico o Patti y empiece a cortar cabezas, y ya no se pueda andar ni con un pulóver colorado o ese tipo de cosas. Y mete preso, mete preso, mete preso... Seguramente, los medios de comunicación que están a favor de estos métodos van a empezar a reportar un 30 o un 40% menos de secuestros, y lo van a decir. Incluso, algunas de las bandas, que hoy están armadas y organizadas, van a dejar de operar, pero se van a meter en otro lado para seguir teniendo trabajo. Tal vez haciendo la tarea de entrar a las casas a matar de una manera legal. Así, va a desaparecer el tipo de secuestros que hoy tenemos, y entonces la gente va a decir: "¿Viste? Era bueno esto de la mano dura". Esto es a lo que ellos se juegan, si es que lo logran.

A mí me cabe pensar que no es posible, que es difícil que lo puedan conseguir, porque también esta situación se les fue de las manos. Dejaron crecer mucho todo, y creo que ahora no es viable.

Ahora, el asunto es que se active la producción del país, que se dejen de joder y que empiece a trabajar la gente. Y al laburar la gente, la cosa empieza a encarrilarse —en cinco, seis o siete años se puede encarrilar—. Pero si van a optar por soluciones autoritarias, éstas nos llevarán más atrás del '76, mucho más atrás. ¡No sé a qué épocas nos podrá llevar una solución así!

Por otro lado, a mi juicio, hoy tienen menos excusas ideológicas que antes. Antes estaba Rusia, estaba China, estaba Cuba —bueno, China y Cuba siguen estando, pero totalmente aisladas y atomizadas—. Antes estaba la Unión Soviética, el enemigo común. Ahora, ¿qué van a decir? ¿Bin Laden? ¿Qué van a decir? ¿Saddam Hussein?

FUERON OTRAS ÉPOCAS

Saddam Hussein y Bin Laden no tienen características simpáticas para que alguien se encolumne detrás de ellos. Quiero decir, simpáticas y carismáticas para Occidente.

Hitler y Mussolini tampoco eran carismáticos, pero tenían cierto grado de penetrabilidad en la cultura occidental porque eran emergentes de la cultura germánica y la cultura latina, hermanadas. Y el toque español de Franco venía fenomenal. Además, en la década del '30 fueron exitosos sus gobiernos —un "éxito" que después produjo la Segunda Guerra Mundial—, porque tanto Hitler como Mussolini, en esa década, hicieron lo que tenían que hacer. El otro día veía la película "La marcha sobre Roma", realizada por Dino Risi en el año 1962 —una película fundamentalmente cómica—, que trataba el ascenso del fascismo al poder. En 1918, terminada la Primera Guerra Mundial, Italia estaba destruida por completo, hambreada y asolada por bandas de anarquistas, de comunistas y de fachos. Los fachos eran muy inferiores en nivel intelectual, en poder y en número, pero eran mucho más despiadados en su manera de ser. ¿Qué hacen, entonces, los fascistas? Se ponen del lado del poder. Ellos también quieren hacer una revolución popular, y para eso utilizan a la gente pobre e ignorante más el aval de la gente de dinero.

Y la gente de dinero, que tiene que elegir entre los socialistas, comunistas y anarquistas y éstos, prefiere a los fachos, porque considera que a ellos los van a poder dominar. Es lo que creen. Entonces, les dan dinero, y los fachos empiezan a trabajar para sus intereses. Por ejemplo, cuando hay una huelga de basureros para reclamar aumento de salarios, salen los muchachos del partido

—los camisas negras— a recoger la basura. Entonces, todas las damas de Milán se les acercan a darles flores. Todas las grandes señoras de la clase alta, de la burguesía y de la nobleza de Milán dicen, mientras les obsequian las flores: "Ésta es la gente que sirve. Éstos son los milaneses de pro. Éstos son los italianos que van a salvar al país, no esta manga de hijos de puta de los huelguistas". Y la gente, la del medio, dice: "Tienen razón, porque había un olor que no se podía estar en esta cuadra. Hace una semana que no levantaban la basura, éstos vinieron y se tomaron el trabajo de recogerla".

Así es como empiezan a captar la simpatía por ese lado porque son, aparentemente, protectores del pueblo. Pero una vez que llegan arriba, se quedan y no los podés sacar nunca más.

En el año '21, cuando Mussolini entró a Roma, repartió trabajo a diestra y siniestra, y la gente que no tenía un mango —por supuesto, haciendo primero profesión de fe fascista— tenía trabajo. Es por eso que durante toda la década del '20 se habla magníficamente bien de Mussolini. Incluso, también se sigue hablando bien durante la década del '30.

En realidad, Mussolini llegó al poder mucho antes que Hitler, y Mussolini era una persona respetada y amada por la mitad más uno de los italianos, a pesar de que el resto de Europa lo miraba con desconfianza, con cierto desprecio, como a un títere medio payasesco, pero no tenían más remedio que aceptar que la gente lo seguía. También obtuvo grandes adeptos entre los ingleses, porque Mussolini fue vivo y empezó a tener una buena relación con la aristocracia inglesa ya que buena parte de la nobleza inglesa era fascista. Así, la nobleza inglesa empieza a viajar a Italia por el asunto del arte, sobre todo a Venecia y a Roma. Empiezan a llegar un montón de maestras inglesas que van a establecerse ahí, por el sol de Italia, "por el arte, porque podemos enseñar y esas cosas". Y las atienden como los dioses, por lo cual consideran que Mussolini logró ordenar Italia, que antes era un país bellísimo pero imprevisible, y que ahora los trenes llegaban a tiempo. Es lo único que les importa a los ingleses, a los alemanes y a los belgas: los trenes llegan a tiempo. Esto lo decían las familias de mi abuela, todas italianas de mucha plata, y todas lo seguían diciendo en el año '47, cuando Mussolini estaba colgado y muerto: "Será lo que será. El Duce habrá sido lo que habrá sido, pero yo recuerdo que, en Italia, llegaban los trenes a tiempo. Vamos a ver ahora qué es lo que pasa".

¿QUÉ CAMBIÓ LUEGO DEL CACEROLAZO?

Hay funcionarios en la Argentina que fueron procesados, estuvieron detenidos por un tiempo, custodiados por expertos, y terminaron saliendo en libertad con una pátina de mártires porque si salieron libres se supone que fueron presos sin merecerlo. Y encima: "Mirá cómo se la bancó". Y ahora están en la calle porque no tuvieron nada que ver de aquello de lo que se los acusó.

¿Cómo puede ser esto? No te digo que vaya presa, pero la gente que nos ha arruinado por mala praxis ni siquiera responde. Y tampoco se les puede comprobar absolutamente nada. Pasean por los tribunales de todo el país y salen indemnes, salen totalmente inocentes. Entonces, ¿de quién es la culpa? ¿Yo tengo la culpa, por haber puesto mi plata acá, en el país, en un banco de la Argentina? ¿Cuál es mi falta? ¿Mi falta es haber creído en el sistema bancario argentino? El sistema bancario argentino me desvaloriza, me roba, me afana y nadie saca la cara por mí y, de esa manera, continúa todo igual. Todo igual.

Yo me pregunto: ¿Qué pasaría si en los Estados Unidos hacen esto del corralito? Pienso que ése no es un pueblo de revueltas populares, pero se produciría una paralización del sistema bancario y la gente saldría a la calle a quemar ciudades. Me parece que eso es lo que ocurriría. Y allí no va a ser ni incitación a la violencia ni asociación ilícita para delinquir, sino que va a ser "Estoy reclamando lo que me corresponde. Lo que me han robado". Yo creo que una medida así, en los Estados Unidos, no se podría sostener ni veinticuatro horas. Y acá, nosotros no podemos dar vuelta absolutamente nada, ni la tapa de una cacerola. Lo único que pudimos hacer fue sacar a De la Rúa, ¡vaya la gracia! Se caía solo. Hasta yo sobredimensioné el cacerolazo: "Mirá la gente cómo sale a la calle...". Sí, estuvo muy lindo, muy espontáneo, fuimos todos ahí, a la Plaza, pero, ¿y? Se fue De la Rúa y vinieron dos o tres después de él, pero el corralito siguió.

Un desenlace positivo de ese movimiento popular hubiera sido lograr que el corralito se abriera inmediatamente. "No se podía, porque si no cerraban todos los bancos". Si eso era tan así, ¿por qué no lo dejaron a De la Rúa, que decía lo mismo? ¿Hicimos todo al pedo?

No sé si nosotros tenemos muy claro ese tipo de equivocaciones. Yo creo que no lo tenemos nada claro. La gente dice: "Sí, salimos, y nosotros hicimos...". No, no hiciste nada. Quedó muy bien salir a la calle, pero, ¿qué? Quedamos en manos de la Asamblea Legislativa, como corresponde a una democracia. Y la Asamblea Legislativa primero nombró a Rodríguez Saá, y éste dijo: "No pagamos más al Fondo Monetario Internacional, estamos en *default*". Y del corralito no habló, porque estuvo tres días y tuvo tantas cosas que decir que no le dio el tiempo de hablar del corralito. Luego Duhalde dijo: "La plata que se depositó en dólares, se va a devolver en dólares". Al otro día dijo: "No". Al otro día dijo: "Vamos a ver". Al otro día dijo: "Vamos viendo". Al otro día dijo: "Es una trampa mortal". Al otro día dijo: "Es una bomba de tiempo y yo no la puedo desactivar".

Al otro día se fue Remes Lenicov. Al otro día vino Lavagna. Al otro día vino el Fondo. Al otro día vino esto, al otro día vino lo otro, y cuando me quiero acordar sigo pesificado, perdido y sin poder sacar la plata.

LOS DEL FONDO SON NEGOCIANTES, NO DEMONIOS

Yo voy a insistir —a lo mejor esto ya lo dije en otra parte, pero lo vuelvo a repetir—: el Fondo Monetario Internacional pide cosas, pero esas cosas que pide podemos aceptarlas o no. Esto que digo no es para que pienses que soy ingenuo. No es que los del Fondo te piden algo, vos les decís que no y ellos se quedan tranquilos. No, no se quedan tranquilos. Pero, todo se negocia, se buscan los acuerdos, se ponen los límites de las apetencias de cada uno. Nosotros somos responsables —cuando digo nosotros me refiero a los gobernantes nuestros— de lo que se le dice a la gente. El Fondo Monetario Internacional no es un ente humanitario o humanista, no son filósofos, no son artistas, es gente que está en otra. Esa gente lo único que pregunta es "¿Puedo entrar?". Si vos le decís "Está todo okey. Entre". "Perdóneme, ¿voy a tener algún inconveniente? ¿Puede haber alguna bomba en el lugar?". "Ninguna. Hemos matado a todos los que podían ponerla". "¿De verdad?". "De verdad". "Entonces, entro". Y así, se mete. En cambio, si vos le decís: "Mire, ésa no es forma. Usted puede entrar, pero hasta acá. Yo le voy a dar sólo esto y esto otro, nada más, porque si no, acá se arma".

Yo estoy viendo que a otros países los del Fondo Monetario Internacional los escuchan. No quiero decir que los del Fondo sean buenos, quiero decir que son personas y no unos demonios ingobernables creados para exterminar. Están hechos para el predominio, para dominar, desde luego. Pero, lo que hagan depende de la gente con quien traten.

La diferencia entre distintas maneras de tratar en las relaciones de una nación con el exterior se vio en la India. Cuando los ingleses eran el imperialismo predominante y penetraron en el Asia, sobre todo en la India, los gobernantes de ese lugar, que funcionaron como vendedores de sus riquezas, fueron los que realmente perjudicaron a esos países. Lo que hacía Inglaterra era meterse con todas sus fuerzas y con toda su potencia, que era muchísima.

Quienes estaban en el poder tenían un pueblo mal gobernado. Es decir, gobernado por la ignorancia y el hambre. Los que mandaban eran unos hijos de puta que tenían sus templos y palacios tachonados de oro y rubíes y demás piedras preciosas mientras la gente se cagaba de hambre. Esa riqueza era intocable porque les pertenecía a sus dioses y con eso demostraban cuánto los adoraban.

Fueron estos gobernantes los que dejaron entrar a los ingleses y permitieron que se llevaran sus riquezas. Porque estos ingleses, que eran vivos y rápidos, tomaron para sí, entre muchas otras cosas, esos enormes tesoros de oro y piedras preciosas. Total, a ellos les alcanzaba con poner en sus templos una cruz de madera y su dios quedaba conforme ya que, entre otras cosas, era el dios de la humildad. Con una cruz de madera estaba bien.

Cuando llega Gandhi se ve el cambio de actitud entre aquellos reyes que entregaron todo y este líder que habla de soberanía de los pueblos y la defiende. Porque no defiende la soberanía solamente para la India y para los indios, sino que defiende un principio de autodeterminación de la gente en general, sin circunscribirla a un solo país. Esto tiene que ver con una teoría filosófica de Gandhi, no únicamente con una estrategia política circunstancial. Y hace este reclamo y esta defensa de una manera pacífica, con lo que consigue un apoyo total y absoluto.

Estas cosas nos indican que, frente a un mismo factor de poder, siempre hay distintas opciones para enfrentarlo. Aliarse a él en perjuicio del lugar, o enfrentarlo, sin violencia, pero pensando en lo mejor para su pueblo.

LA NO VIOLENCIA OFRECE LOGROS DURADEROS

De alguna forma, esa revolución de Gandhi, pacífica, llena de filosofía, multitudinaria, no es que detiene o derrota al imperialismo británico definitivamente, pero a los ingleses les sale un grano en el culo muy grande, mucho mayor que con todas las otras revoluciones de los thug, los shink, los flung y los fling que degollaban gente. Este tipo, con su planteo de justicia y sin creerse un mesías, siendo un hombre común y silvestre, con la ventaja de ser un filósofo que, además, había estudiado en Gran Bretaña —o sea, su educación venía de la misma cultura del imperio—, simplemente les puso las cartas sobre la mesa respecto de la realidad política a quienes dominaban su país. Pero también lo hizo para el mundo, no sólo para el imperialismo británico. Les mostró la contradicción que tienen todos los imperialismos: mientras que para ellos, puertas adentro, son civilizados, correctos y respetan todos los derechos, puertas afuera son exactamente lo contrario de lo que predican. Cuando educan a alguien, y luego de educado lo mandan a la colonia de donde llegó, le dicen: "Bueno, ahora volvé a ser esclavo. Yo te eduqué para ser un hombre libre, para que sepas que toda la gente es igual y que la democracia es el mejor invento del ser humano después de la rueda. Y ahora te mando de nuevo a un lugar en donde vas a ser el palo de la rueda. Y si te sublevás, te corto la cabeza".

Gandhi puso sobre el tapete esa contradicción. Combatió al sistema desde el sistema. Fuera de la cultura británica, pero con lo que le había enseñado esa cultura. Además, no tuvo las características de un líder fanático religioso, como pueden ser hoy Saddam Hussein y Bin Laden que, aparte de la cosa política, tienen eso de "O sos musulmán o te corto los huevos". Los principios de Gandhi son el sustento de las verdaderas revoluciones, de los verdaderos cambios. Ésas son las cosas que, ciertamente, cambian a la humanidad. Lo otro, lo que genera la violencia, también trae cambios, porque si te corto los huevos, te cambio; por lo menos, vas a hablar con voz más fina, pero estos cambios, al final, no resisten el paso del tiempo. Son cambios con violencia que terminan en fracaso y, muchos de ellos, se revierten. Las otras revoluciones, las que están hechas desde el lugar de la no violencia, son las que perduran. Por supuesto, si es una sola, aislada, no sirve. Pero la de Gandhi no fue, no es ni será la única.

Hoy en día, acá, la gente se rebela de un montón de maneras, pero las protestas que han tenido mayor impacto —ya lo dije anteriormente— son la lucha de las Abuelas de Plaza de Mayo, la Carpa Blanca y también las marchas del silencio por María Soledad. Estas últimas, por ejemplo, hicieron tambalear al gobierno de la familia Saadi, de siglos, siglos y siglos —porque, en Catamarca, cada año es un siglo—, quienes tuvieron que dar un paso al costado. No es que hayan dejado el poder, solamente dieron un paso al costado, pero no lo hubieran dado nunca de no hacerse las marchas silenciosas de cientos de personas —y después miles, y después cientos de miles en todo el país— que, en silencio, no dejaron de pasar frente a los que tienen la manija de las instituciones.

A esa protesta, a ese movimiento, no se lo puede vencer. Y eso es lo que no hizo nadie con respecto al Fondo Monetario Internacional. Desde el punto de vista de la presión, lo del Fondo es una versión torpe, bochornosa. Uno está hablando de Gandhi, de las marchas del silencio por María Soledad, uno está hablando de cosas grandes y, cuando lo compara con el Fondo Monetario Internacional y sus negociados con alguna gente del poder de la República Argentina, sentimos que todo esto es Pago Chico, Villa Ojete, Porongolandia o uno de esos países imaginarios para los sainetes y para las operetas, cuando uno hablaba del rey de Ruritania, una Ruritania que era un invento, no existía. Pero nuestro país se ha transformado en una Ruritania sin distinción, una Ruritania sin vals ni Maurice Chevalier y Jeanette McDonalds. Ésta es una Ruritania mal cantada por dos bailanteros desafinados.

Sin comparar el grado de bochorno que tiene esto, la forma de combatirlo es la movilización permanente. No la quema de banderas norteamericanas, ya estoy harto de ver cómo se quema la bandera norteamericana, estoy absolutamente harto. Primero, porque no significa nada; segundo, porque la bandera norteamericana puede significar para un montón de gente el imperialismo y para otro montón de gente no, porque Norteamérica no es eso solamente. Porque los Estados Unidos no son sólo eso. Estados Unidos también es Lincoln, es el mensaje pacifista de Kennedy, es la lucha de Luther King. Todo eso también es Norteamérica. Ellos también quemaron su propia bandera cuando fue lo de Vietnam. Estoy podrido ya de pedradas y quemas de banderas.

A mí me parece que es mucho más potente, rica, importante y, en última instancia, más exitosa la marcha y la movilización que se hacen con absoluto y total pacifismo. Porque, además, en este tipo de protesta participa todo el mundo. Y una cosa son quinientos cuarenta y cinco exaltados, pero trescientas cincuenta y cinco mil personas calmas son mucho más. Son mucho más, causan mayor efecto y consiguen más cosas.

CAPÍTULO 3

La loca memoria selectiva

TODO SE HACE MAL, O MUY MAL

Todo se produce de una manera tal que, aunque vos mismo tengas la plata adentro del corralito, ahora decís: "No, que sigan pesificando, porque si no la mitad de la gente se queda sin casa". Tengo montones de amigos que están pagando sus préstamos, y en pesos los pueden pagar. Pero si los dolarizan se tienen que pegar un tiro. Tengo seis amigos que, en un caso así, se matan. Uno dice: "Bueno, yo me arreglo, pero si van a dolarizar de nuevo, esta gente que con la pesificación se había salvado, se me mata".

Yo fui una de las personas que más critiqué la paridad cambiaria. Decía que estaba bien para salir de la hiperinflación, pero después había que hacerla evolucionar. Y todos: "No, no, no...". Pero, después dije: "Ahora, que no la saquen, porque si la sacan se dispara todo". ¿Cómo puede ser que uno, que piensa así por la lógica, nomás, vea las cosas que otros no quieren ver?

Si tengo una botella y la suelto, se cae. No se puede decir: "No sé. Vamos a ver si se cae". No, señor, si la suelto, se cae, no hay nada que discutir. Uno piensa así, a nivel casi primario. Yo dije: "Si ahora quieren sacar la convertibilidad, va a ser un caos y una debacle". Dijeron que no, que estaba loco. Me lo decía la misma gente que había defendido la convertibilidad: que yo estaba loco, que era posible hacerlo sin problemas. Después lo hicieron y pasó lo que pasó. "Ah, sí, pero es que lo hicieron mal". ¿Cómo que lo hicieron mal? ¿Cuál es la manera de hacerlo bien? Es lo que yo no sé, y creo que tampoco lo saben aquellos que metieron mano en eso. ¿Cómo es posible que se hayan perdido la oportunidad de hacer una cosa bien?¿Cuál fue el problema? No se pudo hacer bien, ¿por qué?

No te digo que solucionen los problemas como si tuvieran una varita mágica, pero el asunto es no tirar kerosén sobre el incendio. Porque eso fue lo que hicieron: pusieron mucho peor una situación que ya era malísima. Tiraron nafta sobre el incendio. No puede ser...

Además, vos escuchabas hablar a Remes Lenicov y parecía un tipo coherente. Lo escuchás hablar a Lavagna y ves a un tipo coherente que sabe de economía. En las épocas en que Cavallo no se brotaba, hablabas con Cavallo en la Fundación Mediterránea y veías a un tipo que sabía de economía. Pero, evidentemente, lo que hacen, lo que instrumentan en materia económica, no indica lo mismo. Buscan echarle la culpa al funcionamiento erróneo de los mercados. Pero cuando vos sos ministro de Economía de un país con un gobierno fuerte como el de Menem —que, te guste o no, era un gobierno fuerte, de impacto— y tampoco lo sabés hacer, ¿qué te pasa?

Lo mismo le sucedió a Martínez de Hoz. Tuvo la dictadura más terrible de la historia de la República Argentina y una de las más espantosas de Latinoamérica. Ni con esa fuerza en sus manos pudo lograr una verdadera estabilidad, porque la puta tablita cambiaria no sirvió para un carajo, más allá de haber infectado la mentalidad de la clase media con el dólar como moneda salvadora. Esto que digo puede parecer una crítica de un progresista pasado de moda, pero no lo es. Mirando las cosas desde su punto de vista, uno suponía que el señor Martínez de Hoz iba a privatizar, y se hubiera podido privatizar correcta y racionalmente. Pero, ¡mirá si los militares iban a permitirlo! No, el Estado no se toca. Entonces, Martínez de Hoz metió violín en bolsa, hizo la tablita, tatatá tatatá, después se fue y dejó al país mal, mucho peor de lo que estaba antes. Y luego, cuando vinieron los sucesores de él, que eran todos de su escuela, terminaron dejando a la clase media directamente en el tacho de la basura, porque la industria nacional pegó un bajón de la puta madre y se cerraron un montón de empresas.

Entonces, ¿dónde están los éxitos de esta gente? Porque hablan de éxitos fundamentales y, si lo ves con la mentalidad que tienen ellos, es lógico: si vos vas a comparar la situación de un argentino en 1980 con la situación de ese mismo argentino en 2003, es natural que ese argentino, que ahora tiene veinte años más y ochenta por ciento menos de lo que tenía, te va a decir: "Escuchame: Martínez de Hoz era un genio. Porque yo, en la época de Martínez de Hoz...". Y te empieza a enumerar las cosas que hacía en la época de Martínez de Hoz, porque Martínez de Hoz había roto el país hasta acá, ¿ves?, y como vos vivías más acá, no te pasó nada. El que vino después rompió todo hasta acá, y después hasta acá, y cuando la demolición llegó a tu lugar, te fuiste a la lona. Mientras tanto, el que se iba salvando del desastre decía: "Esto es una maravilla". Por otro lado, las idas y vueltas de esas roturas hicieron que mucha gente se fuera colando hacia lugares que no sufrían la hecatombe, y eso les permitía que fueran teniendo épocas de esplendor o de repunte que, generalmente, son las que preceden a una caída aún mayor.

ARGENTINOS SIN RECUERDOS

La gente no hace memoria. No retiene las fechas, no guarda las agendas, no tiene el almanaque para ver las cosas que hizo cada año. Yo creo que llevar un diario sería importantísimo para cada uno de los argentinos. Para ver, día por día, qué carajo hiciste y cómo te influyó cada mala medida del gobierno de turno, con nombre y apellido. Ese diario no lo lleva nadie. Pero el día que lo llevemos... Ese día sí que se van a tener que ir todos. Ese día no vamos a necesitar ir al Congreso a decir que se vayan todos: se van a ir solos, porque la gente no los va a apoyar más. Porque van a tener la repulsa permanente y constante de todo el mundo. No digo esa agresión concreta de tirarles huevos ni nada que se le parezca, sino "No me hables de ese tipo. No existe". Y lo vas a ver por la calle y lo vas a insultar, no con el huevazo, que puede verse como una cosa preparada, sino con el desprecio total y absoluto que uno puede sentir hacia un ser indeseable.

Pero no lo hacemos. Nunca terminamos de saber quiénes son y, si lo sabemos, enseguida nos olvidamos. Además, nuestro modo de ver las cosas es comparar nivelando para abajo. Siempre comparamos de esa manera. Así, pensamos que, lógicamente, estábamos mejor con De la Rúa que ahora, y que estábamos mejor con Menem que con De la Rúa, y que estábamos mejor con Alfonsín que con Menem. Razonando de esa manera, no se puede cambiar ni mejorar nada.

Sólo los vivos, como Menem, se encargan de cambiar una situación que importe a la gente. Porque lo único que le importa al 80 o 90% de la gente es la parte económica. Y la parte económica no a nivel macro, sino a nivel micro, a nivel de lo que tengo en el bolsillo y lo que puedo gastar y no gastar. Nada más.

Menem, vivísimo, cuidó, en su época de gobernante, que una gran cantidad de gente pudiera tener más dinero en el bolsillo. Un dinero fruto de préstamos que habría que pagarlos algún día. Por lo tanto, después, ese dinero no iba a servir, no iba a valer lo que se creía. Pero, en ese momento, lo tenías en el bolsillo.

UN PAÍS DE IRREALIDADES

Hoy en día la gente está dejando de tener cable, la gente está dejando de pagar el teléfono —llegando al disparate de no tener teléfono por no poder pagarlo, así como en el '90 sufríamos el disparate de no tener teléfono aunque lo quisiéramos pagar—. Antes no había teléfonos disponibles para todos; ahora empieza a no haber teléfonos para todos porque no todos lo pueden pagar. Éste es un país irreal, de gente irreal que adopta soluciones irreales. Por lo tanto, lógicamente, las soluciones irreales, no viables, son siempre beneficiosas para el de afuera, no para el de adentro. Cuando vos estás loco de remate, y le decís a alguien: "Vení a mi casa, no me pagás nada, yo te mantengo, yo te doy todo, no pagues los gastos mensuales, traé a tu perro, que cague en el parquet, hacé lo que se te dé la gana...", tu casa se te deteriora de una manera infernal. Pero vos lo dejaste entrar. Y ese mismo tipo comenta: "Tengo un amigo al que le llevo el perro para que cague en su casa, así no me caga en la mía. Lo llevo ahí y caga". "Pero, ¿por qué no lo llevás a la plaza?". "Estás loco. Mi perro en la plaza no caga, pero ahí, en la casa de él, no sé qué le pasa, tal vez vea la cosa transgresora, porque puede cagar en los cortinados y mi amigo no dice nada". "Ah, pero es fantástico tu amigo. ¿Dejará que lleve a mi perro?". "Sí, sí. Te deja...". Así, vas a tener tu casa llena de soretes de perro, hecha un desastre, pero es tu culpa por tu manera de ser. Y al otro le va a convenir cien veces. "No, si querés coger con mi mujer, no hay problema. Si te gusta, ella, de mil amores, encantada. Y tengo una amiga, también, que es bárbara. Hace masajes. Y tengo a un muchacho, que no sabés lo que es. Traé a tu marido, trae a tu novio que es trolo".

Si vos ofrecés esas condiciones: "Vengan a mi casa, cójanme a mi mujer, traigan el perro para cagar, cocinen, utilicen mis gas. ¿Querés hacer llamados? Tengo una computadora divina, yo no te cobro", es evidente que estás regalando tu casa. Y los demás te la toman.

Cuando ya no la tenés más, y está todo hecho mierda y estás endeudado, la culpa es tuya. Los dejaste entrar.

Es que nosotros somos de soluciones irreales, como las privatizaciones, que fueron hechas de la manera como se hicieron: "Usted cobre lo que quiera, con la tarifa que quiera. Nosotros tenemos el uno a uno, así que usted se va a llevar dólares de acá". "Ah, ¿no es plata argentina?". "Tch, la plata argentina no existe más. Usted quédese tranquilo". Después los otros no se van a resignar a que eso se cambie. "¿Por qué las privatizadas, que cobraban uno a uno, ahora tienen que cobrar cuatro a uno? No. Voy a seguir cobrando exactamente igual". "La gente no lo puede pagar". "Bueno, si no paga, nos vamos. Y dejamos todo". Si esto sucediera, otra gente, que no es precisamente la que nos gobierna, diría: "A ver, ¿cómo podemos reciclar todo esto para que alguna empresa argentina lo tome?". ¿Quién lo toma? Manzano. Es una empresa argentina. Entonces, decís: "A lo mejor hicieron todo eso para desvalorizarlo, comprarlo por la décima parte de lo que vale y, una vez que lo tengo, empiezo a ganar plata". Si esto mantuviera inalterable el laburo de la gente —"¿Usted necesita quinientos mil obreros? Los tiene. Paga, hizo su diferencia y se fue"—, pero no es así. Con la plata desvalorizada, ya no son quinientos mil, serán doscientos mil, y luego sesenta mil. Esto genera desocupación, desorden social, desnutrición, horror. El servicio que presta la compañía mejoró un tiempo y después todo volvió para atrás, o desapareció.

Las soluciones irreales, absurdas, de mala praxis, son casi moneda corriente. No es de asombrarse que nuestro país esté así. Si uno lo piensa desde ese lugar, si uno lo piensa de esa manera, el país está demasiado bien todavía.

Ahora, me pregunto yo: ¿Es posible que esto sea verdad? ¿Esto es así? ¿Hay argentinos que pueden hacer esto con su país? No hablemos de patriotismo; hablemos del lugar donde uno vive. ¿Uno puede hacer esto? "Sí, porque uno puede vivir en un country...". No alcanza. En el country entran, te matan, te violan, te empujan, te tiran pedos, te torturan —con un velador de tu casa te hacen una picana eléctrica—. Vos vivís ahí adentro porque sos gerente de un banco, ganás cuatro mil pesos por mes, decís: "Acá voy a estar seguro", y no estás seguro un carajo. Porque siempre alguien los deja entrar. Mirá: tienen cuatro entradas custodiadas, torres, reflectores que giran por todos los rincones, sensores de alarmas, perros entrenados para abalanzarse sobre el culo de cualquiera que entre, pero entran igual. Golpean en tu ventana, entran en tu casa, te torturan a vos y a tu mujer. Se ha llegado al delirio de que no te tienen que secuestrar, encapuchar, llevarte en un coche a un lugar subterráneo indefinido donde un montón de gente, que parece milica, te desnuda, a vos y a tu mujer, y te empiezan a torturar sin que vos sepas por qué. No, es en tu cama, en el juego de dormitorio que vos compraste, con el velador que te regaló tu madrina te hacen una picana eléctrica. O sea, tortura a domicilio. Y la gente se pregunta, todavía, ¿quiénes serán? ¡Dios mío!

O sea, ese tipo que se refugia dentro de un country para no tener problemas, los tiene igual. Quiere decir que si vos hacés una cagada y vivís acá, te va a llegar. Podés pensar que no, que a los que verdaderamente hacen el negocio no los tocan, que los tocan a éstos porque son perejiles. No estoy tan seguro; también se pueden confundir, algún día. Pueden robarte a tu hijo, pueden hacerte algo. Dirás, como el personaje Catita: "Son gases del oficio. Si me cagan a mi hijo, que me lo caguen". Pero, para pensar así, uno debería ser ese tipo de material humano insensible. Porque si no, yo no puedo entender que vos arruines tu propio lugar, que vos hagas con tus actos estas condiciones de vida tan deplorables, que no te des cuenta de que este tipo de políticas son las que generan esta pobreza.

CUANDO YO ESTABA, ESTO NO OCURRÍA

La gran justificación que tienen los funcionarios que están y los que pasaron, la gran justificación para la eternidad de estar siempre en el poder, es que ellos le explican a la gente que el despelote y los desastres ocurrieron después de que ellos se fueron del poder. Claro, como escribí antes, la gente que no lleva el diario del día a día, dice "Y, sí, me parece que fue más o menos por ese período...". "Sí, acordate, ¿cuándo fue? Fue por el anteaño... No, no fue el anteaño. ¿Te acordás de que el anteaño fuimos a aquel asado, y no pasaba nada?". "No, el asado fue el año pasado". "No, fue el anteaño". "No, fue en el 2000". "No, fue en el 2001". "Ah, tenés razón...". No se acuerdan ni de cuando hicieron un asado para la fiesta de no sé quién y no había pasado nada. Yo los escucho todos los días, y les digo: "No, cuando vos fuiste al asado ese fue el mismo año que mataron a fulano, mengano y zutano. ¿Te acordás de que lo quisieron secuestrar? Porque ya había secuestros".

Me miran asombrados, porque yo parezco la memoria viva del grupo familiar o del grupo de amigos, y dicen: "Ah, sí, sí, es cierto...". Pero, ya habían comprado el último discurso de Menem o de De la Sota o de quien fuera, que dicen: "Cuando yo estaba, esto no pasaba".

Todos te pueden decir lo mismo, de hecho todos te lo dicen. Hasta Alfonsín te lo dice. Cuando Alfonsín abre la boca por la inseguridad de hoy, habría que decirle: "Usted no hable, porque durante su gobierno ponían bombas en las escuelas". Y es cierto, siempre, cuando se acercaba alguna elección, ponían bombas en las escuelas. Por supuesto, en estos últimos veinte años que hubo muchas más elecciones que en épocas anteriores, se notó más. En la época de Menem también las ponían. Hay quien cree que las bombas en las escuelas empezaron desde que se fue De la Rúa.

Hay, en la memoria de la gente, graves lagunas. Durante años me pregunté por qué sucede eso de la falta de memoria. Busqué el porqué y he tenido que renunciar a saberlo. Se llega al colmo de olvidarse de lo que pasó en Navidad y apenas estamos en agosto. Por ejemplo, cuando Rodríguez Saá hizo un acto multitudinario en el 2002 y la gente comentó "¡Che, qué bien habló!", sin acordarse de que es el mismo Rodríguez Saá que, en la Navidad del 2001, fue el hazmerreír de América Latina y el mundo. Yo no creo que el pueblo lo haga por borrarse o por no enfrentar la realidad. Es demasiado pronto para olvidarse. Eso es Alzheimer. Es no tener pasado, solamente presente. Como si yo estuviera charlando con vos en un bar y en determinado momento te dijera: "Permiso, voy al baño", y cuando vuelvo me siento frente a vos y digo: "¿Quién es usted, señor?". "Estamos charlando sobre el próximo espectáculo", me respondés. "¿Qué espectáculo?". "El del año que viene, en el teatro". "Ah, sí, sí...", respondo, pero no me acuerdo. Son esas cosas del viejo alemán Alzheimer.

Eso es lo que nos pasa: no tenemos pasado, ni siquiera inmediato. Es una sociedad con Alzheimer.

¿QUIÉN ASUME LAS CULPAS DEL DESASTRE?

Es gravísima la falta de memoria, porque no se recuerda lo de hace cinco días. Pero no siempre es así. Curiosamente, hay cosas que les queda a la gente, y no sabés por qué. Ensayé varias elucubraciones: pensé que debe ser porque le tocan el bolsillo, o por esto, o por aquello... En ese sentido, el corralito quedará para siempre, desde luego, pero no sé a quién se lo van a computar. Porque no veo que se lo vayan a computar a Cavallo, a pesar de que fue Cavallo el que lo hizo. No fue ningun otro: fue Cavallo. Pero ese sayo caerá sobre De la Rúa o, mejor, sobre el gobierno de la Alianza, del que dirán: "El corralito fue en el gobierno de la Alianza".
Pero el corralito lo hizo a través de un señor que no era un ministro de oficio, que se llamaba Pérez o González, un señor que nadie sabía quién carajo era y apareció de golpe, cuando Machinea se fue, y apareció este tipo, economista de bajo perfil, hizo el corralito y después nos olvidamos quién era. No. Fue Cavallo. Cavallo, el protagonista exclusivo de nuestra economía desde el '81 hasta el 2001. Fueron veinte años de economía manejada por Cavallo. Un hombre importante, mediático, amigo de gente notoria, recibido por los poderosos de afuera, que da conferencias y a quien todo el mundo exterior trata con deferencia: "Cómo no. Venga, señor Cavallo...". Ése es el que nos hizo el corralito, pero hay una tendencia como a olvidarlo. Queda el corralito, pero no queda el autor del corralito. Y si queda, queda por ahí atrás.
Lo único es que, al recordarlo, la gente dice, entre dientes: "Es un hijo de...". Nada más. Pero no esa cosa de decir: "Este señor me arruinó. Este señor hizo que mi madre muriera. Este señor hizo que mi amigo se muriera de

una enfermedad terminal sin poder sacar la plata del banco para la intervención. Este señor es el responsable por su mala praxis de la muerte, de la desesperación, de la pobreza de un montón de gente. Este señor ejerció violencia contra mi casa". No, nada de eso se recuerda. Y ahí anda... "Se equivocó, ¿qué le vamos a hacer? Somos todos humanos. ¿O no nos equivocamos?"

Hay cosas que quedan, como la hiperinflación. Eso sí: Alfonsín. Eso se recuerda. Y de Cavallo queda la estabilidad. Fue tan profundo el impacto que produjo la estabilidad —que no pudo absorber del todo porque el corralito fue demasiado fuerte— que no lo culpabilizan tanto a Cavallo. Es una memoria complicada, selectiva, jodida, que va más allá de aquello de "Me olvido porque me agobia mucho". Viene como: "Me importa un carajo", mezclado con Alzheimer, a la vez.

Eso es lo que hace que haya proliferado y fructificado una clase política de tan bajo nivel. Porque cuando el pueblo tiene este nivel —al decir pueblo quiero decir en general, la mayoría, porque en algunos sectores tenemos niveles de la puta madre que nos parió, y no quiero que esto quede como que me cago en mi propia gente—, es porque el promedio del pueblo es un desastre.

CAPÍTULO 4

Un país donde sólo importa la imagen

LA OPCIÓN AL "MODELO" SIEMPRE ESTUVO...
EN LOS PAPELES

Siempre se habla de opciones a este modelo. Los políticos, en la oposición, argumentan: "Nosotros tenemos la opción a este modelo", es decir, la opción está en las plataformas políticas que presentan en las campañas. Nunca ha dejado de estar en sus escritos.

En la plataforma de la Alianza decía que su gobierno iba a corregir el modelo. Porque, para ser honestos, la Alianza nunca prometió que se iba a cambiar el modelo, sino que se iban a corregir los excesos, los graves excesos del modelo. Y con eso se iba a desmontar la corrupción, y al desmontarse la corrupción, se eliminaba la falta de injerencia del Estado en distintas áreas, la no regulación de nada de lo que se había privatizado, etcétera, etcétera. Con esas correcciones lograrían subsanar los problemas de la Argentina. Desde luego, no hicieron nada de todo eso que figuraba en su plataforma.

El asunto es que las opciones ya están dadas, ya están propuestas. También Lilita Carrió, cuando formó el ARI, propuso la opción. Ahora, ¿la va a cumplir? ¿Lo va a hacer en medio de tanto parto, de tanto huracán, de tanta ola, de tanta tercera tormenta, de tanta parafernalia de aquello de que "me quedo, pero me voy"? El pueblo, nosotros, ¿estamos en condiciones de creer, así nomás, por obra y gracia de no sé quién, que eso se va a hacer? Vos me dirás: "El que no arriesga, no gana". Estoy de acuerdo, pero creo que en la República Argentina las opciones existieron siempre y estaban bastante bien enunciadas, y ése siempre fue el lazo, la trampa, en la que caímos infinitas veces.

¿O acaso no era una opción al modelo capitalista feroz la propuesta de Menem del '89? El salariazo y la revolución productiva eran exactamente lo que el pueblo necesitaba en aquel momento. Y él lo clarificó, y lo dijo en términos tales que la gente lo votó, aun sabiendo de quién se trataba, porque nueve de cada diez de los que lo votaron sabían que Menem no tenía un historial demasiado santo. De todas maneras, dijeron: "No importa. Si va a hacer una revolución productiva, si va a reactivar el aparato de la producción y va a poner los salarios al nivel de la canasta familiar, esto va a ser fantástico. O puede llegar a serlo".

Por eso digo que las opciones están dadas. Tanto Alfonsín cuando presentó su candidatura a la presidencia, como Menem cuando presentó la suya, como la Alianza cuando presentó la de ella o ahora Lilita Carrió, están dándole la alternativa al modelo desde la teoría. Por alguna razón —el diablo que mete la cola, el Fondo, los intereses, la ineficiencia, la estupidez, la mala intención, ¿quién lo sabe?— todo eso que se promete cambiar no sólo no se produce sino que se hace exactamente lo contrario. Por lo menos es lo que tenemos, hasta ahora, como experiencia vivida.

Las opciones están claras: reactivar la producción inmediatamente en la República Argentina, para darle trabajo a la gente, para hacer que nuestro país sea competitivo porque el capitalismo parte de la libre competencia. Y, acá, nada es libre. Porque si yo antes encargaba una pieza mecánica dental hecha en el país y hoy, por distintas razones de política económica, las piezas dentales hay que importarlas —así como los insumos para fabricarlas— no de Suiza o de Bélgica o de lugares parecidos, sino desde Bolivia, esto dicho sin despreciar a ese país, es que nos han quitado la capacidad de competir. Antes, nosotros teníamos una excelente industria de mecánica dental; hoy no la tenemos más. Hoy, aunque estés en una prepaga y seas un privilegiado, si se te rompió una corona son seiscientos pesos, y eso por el momento, porque los insumos se cotizan en dólares. Esto, aparte de joder el bolsillo de la persona que tiene que ponerse una corona, jode al tipo que antes tenía una fábrica de piezas

dentales y ahora no la tiene y está cartoneando por la calle.
 Las opciones no son tan difíciles de encontrar. Es difícil ponerlas en funcionamiento, quizás.

SUIZA, PERO AL REVÉS

¿Por qué Chile tiene una economía más sana? ¿Por qué Brasil, que es un desbarajuste, dijo: "A mí, la industria no me la tocan", y su industria sigue? No sólo que sigue, sino que compra industrias de acá, de la República Argentina. Cualquiera de nosotros conoce algún caso de una fábrica que levantó sus cosas de la Argentina, dejó a sus operarios en la calle y fue a radicarse en Brasil. ¿Por qué se van algunos industriales argentinos a Brasil? ¿Será porque ellos, los brasileños, tienen una política de producción y de expansión más conveniente para los inversores? ¿O, simplemente, tienen una política de producción que nosotros no poseemos?

Acá, ¿por qué no tenemos una política similar? ¿Quién o quiénes son los que están en contra? ¿Quiénes son? "Son corporaciones, son intereses foráneos..." ¿Qué intereses foráneos? Estoy harto de escuchar las mismas palabras desde que era chico: los intereses foráneos. Desde la izquierda y desde la derecha. Tengo los huevos por el piso de los intereses foráneos, el capitalismo salvaje, el Tío Sam... Ya estoy podrido de esa explicación, porque otros países, que también tienen al Tío Sam y a la Tía Sam encima, y a cuantos intereses foráneos se te ocurra, funcionan bien.

Nosotros no. Somos la Suiza al revés: todo funciona, pero mal.

La opciones son dadas, son dichas, son explicadas, son prometidas, pero jamás se cumplen. No se cumplieron nunca. Y es que, además, a esta altura de mi vida, yo no sé si es el modelo el que está mal. De lo que sí estoy seguro es de que está mal la aplicación.

LOS ANÁLISIS SON SIEMPRE CLAROS Y BRILLANTES

Lo que nos sucede es que en la Argentina tenemos una clase dirigente que es suicida. ¿Y sabés por qué es suicida? Porque se la pasa jugando con fuego.

Esta clase dirigente explica, muy claramente, en forma contundente y de manera muy correcta, por qué se llegó a la situación de crisis en que está el país. Claro, esta explicación la da, tan contundente y tan correcta, sólo cuando está en la oposición. Estos dirigentes lo explican con tal claridad y arriesgan opiniones tan precisas que asombra.

Hace un tiempo escuché el discurso de Menem sobre los sultanatos, en donde decía que si él asume de nuevo la presidencia va a dividir el país en sultanatos como ocurre en Malasia, porque considera que son mejores para la administración. Vale aclarar que la palabra sultanato molesta y es inadecuada viniendo de quien viene —no debe ser de un escritor de discursos sino de su propia cosecha—, ya que es la broma que le hicieron a él durante los diez años de mandato cuando se hablaba de la carpa grande y la carpa chica del turco, y toda la parafernalia de las mil y una noches. También dijo que va a volver a la paridad cambiaria de uno a uno. En realidad, dijo que a lo mejor, no estaba muy seguro. Además, cuando hizo el análisis del hambre, en el país y en ese momento, la calificó de aberrante e injustificable con argumentos coherentes y correctos. Por supuesto, él no se incluye como parte culpable de esta situación, porque dice que esto empezó el 10 de diciembre de 1999 cuando asumió la Alianza, y que en esos dos años vinieron la debacle y el hambre que en su época de gobernante no existían.

Los de la Alianza, en su momento, también hicieron un análisis muy exhaustivo de lo que había pasado durante el menemismo. Lo hicieron fantásticamente bien, y fue por eso que consiguieron los votos. Seguramente Duhalde puede hacer un descargo de su gestión, analizando lo mal que estuvo la Alianza, y también es seguro que va a estar totalmente acertado. Duhalde agrega, a los males que dejó la Alianza, los males que dejó el menemismo, pero sin incluirse dentro de estos últimos. Como si él no hubiera sido compañero de fórmula de Menem, como si él no hubiera asumido la vicepresidencia y como si él, en la mitad del mandato, no se hubiera ido a ejercer la gobernación de una de las provincias de mayor concentración de pobreza que tiene la República Argentina, uno de los lugares más vergonzosos del país a nivel de lo que pudo ser, de lo que tiene y de lo que es: la provincia de Buenos Aires. Sobre todo, el conurbano bonaerense, en donde hay una miseria abracadabrante. Y no es que las miserias sean distintas, pero la miseria del Chaco o de Santiago del Estero son de larga data, mientras que la miseria del conurbano —aberrante o abeyante, como dice Menem— es, en parte, gracias a su compañero de fórmula. Que hoy es su enemigo, pero con quien compartió un gran trecho de su mandato.

Duhalde hace un análisis tan magnífico del porqué de la pobreza, y también le echa la culpa a la Alianza. La Alianza le echa la culpa al menemismo, incluyendo a Duhalde dentro del menemismo. O sea, que una vez que bajaron del poder, el análisis que hacen los átomos que quedan de la Alianza es supercorrecto.

Yo no hago política porque la tengo clara. No sé cómo se solucionan los problemas, pero lo digo. En cambio, esta gente no sólo no sabe cómo solucionar los problemas y no lo dice, sino que se postula para solucionarlos. Y no sólo se postula, sino que después dice: "Ay, no estoy de acuerdo", y se va. Es como olvidarse de la letra en mitad el espectáculo, y decir, sobre el escenario: "Esto no es para mí. Chau". Como aquel actor vestido de mosquetero —en los principios de la televisión, cuando se hacía en vivo— que se olvidó la letra en una obra de época. Se metió en un jardín tan grande que no pudo salir para ningún lado. Entonces, miró la cámara, y dijo: "Televisión, nunca más". Dejó el estudio, salió del viejo Canal 7 y se fue caminando por la calle Leandro Alem.

Esto es lo que deberían decir algunos políticos. Decir: "Política, nunca más". Pero, desgraciadamente, acá, el *nunca más* de los políticos no existe.

ENEMIGOS Y FACCIONES

Cuando se habla de enemigos en la política nacional es un problema de semántica. Cuando se dice enemigo, es enemigo de facción. Y esto es algo que tiñe a la política argentina de la cosa fascista.

No hay problemas ideológicos entre los políticos; sólo es el problema de una barra contra la otra barra. La pandilla de acá y la pandilla de allá, que se disputan la supremacía de un barrio; desde el punto de vista ideológico están en la misma. La violencia es lo único que nos une: "La violencia es lo único que hace que nos respeten, porque al que no hace lo que nosotros decimos, lo cagamos a tiros". Después está el que quiere cagar más a tiros que el otro, y el que dice: "A mí no me jodás en mi zona".

Las enemistades, dentro de los mismos partidos, nunca estuvieron teñidas de ideología. Solamente después del fracaso del gobierno menemista, sólo después de eso, Duhalde tomó distancia del proyecto de Menem. Todo eso a partir de la enemistad; es ahí cuando empieza a alejarse de aquel modelo que apoyó y del cual fue vicepresidente, diciendo que, en realidad, él prefería la Argentina de Perón. Trató de decir: "Peronismo de Perón es el mío; peronismo de Menem es menemismo, no peronismo".

Es entonces que se empieza a desdecir. Es muy evidente la contradicción. Ya no hablemos de Perón imaginando como él realmente pensaba, porque sólo Dios y él mismo Perón lo saben, nadie más. Hablemos de lo que hizo, y lo que hizo es tan diferente de lo que ha hecho en estos últimos años la conducción peronista, que no se entiende cómo pueden usar los mismos estandartes, los mismos eslóganes, las mismas fotos de Perón y de Evita, y con todo eso justificar programas tan opuestos a los que desarrollaron en los primeros gobiernos justicialistas. Infinidad de veces me he preguntado en el escenario sobre esta contradicción —y también en mis libros anteriores— y no encuentro una respuesta coherente ni lógica.

Los tiempos cambian. Cuando los tiempos superan a los partidos, los partidos deben disolverse y crear partidos nuevos que puedan tener una raigambre similar a la de aquellos anteriores, pero no seguir con el mismo nombre, con la misma simbología, con los mismos eslóganes y con los mismos retratos de gente que no tiene nada que ver con lo que proponen o hacen en la actualidad los dirigentes que se mantienen en ese sector. Estos dirigentes deberían tener un poco de vergüenza y decir: "Vamos a formar una nueva corriente, un nuevo partido, que se llame de cualquier manera, partido popular, partido del trabajador, lo que sea...".

Fijate que los españoles, cuando fundaron el Partido Popular, no le pusieron Partido Franquista, porque si no, no los votaba nadie. No le pusieron Partido de la Derecha, ni le pusieron Partido Fascista. Le pusieron Partido Popular, el famoso PP. Les pareció que ellos iban a gobernar para todo el pueblo, porque era una línea conservadora pero aggiornada, que no iba a permitir la censura desarrollada durante cuarenta años por la dictadura franquista. También tuvieron el tino de no poner el retrato de Franco, de no poner el retrato de doña Pilar, de no hacer la parafernalia que había presidido la España post guerra civil, porque, realmente, aquella España había sido superada, aquella España no tenía sentido más allá del análisis histórico. Esos dirigentes españoles, que pertenecen todos a la derecha y son hijos y nietos de la gente que ayudó a Franco, y que eran los más recalcitrantes fascistas ibéricos, no cometieron la *gaffe* de resucitar viejas liturgias. Porque, allá en España, ellos creyeron que de esa manera iban a espantar los votos, mientras que acá, Perón nunca espanta los votos. Un retrato de Evita junto a otro de Perón siempre atrae votos, no los espanta.

Pero esta cuestión de usar las viejas banderas y los viejos retratos es un aprovechamiento que hacen los políticos de una parte del sentimiento de la gente. Es lo contrario de lo que debe ser la política. La política tiene que ser el imperio del razonamiento y del bien común, primero que nada. Esto también lo dijo Perón: "Primero el país, después el partido y por último los hombres". Exactamente lo contrario de lo que piensa un dirigente actual: "Primero yo —el hombre o lo que sea—, después el partido, porque es muy importante para seguir manteniéndome en política, y después el país, si queda algo. Si no, a cagar".

Como esto es así, puedo decir que ni siquiera están cumpliendo con lo que Perón dijo en cuanto a preceptos éticos sobre la forma como se enfoca una concepción política y, sin embargo, mantienen todos los símbolos. Como si nada.

LA LIBERTAD SIRVE PARA FIJAR LÍMITES

El político tiene todo el derecho del mundo de querer convencer al pueblo con cualquier estrategia y así atraer el voto popular. Todo está correcto, todo está fenomenal, mientras que eso se haga dentro de ciertos límites. Pero la Argentina se quedó sin límites totales y no es por la libertad, sino por todo lo contrario. La libertad es el respeto del límite. La libertad no es que yo estoy charlando con vos en un bar y, en determinado momento, saco un revólver, te mato, te dejo tirado por ahí, y mientras me levanto para irme, le digo al mozo: "La cuenta la pago yo. El señor no va a poder...". Te dejo tendido allí, me voy, y nadie me va a parar en la puerta porque, se supone, estoy haciendo uso de mi libertad.

Con este ejemplo te quiero mostrar la falta de límites que tenemos todos. Nos hemos desmadrado y esto se está manifestando de manera agresiva en los últimos cuatro años. Creo que esto es así por la desesperación que tiene la gente.

Cuando te levantás a la mañana, y tenés que ir al laburo —un laburo que odiás, seguramente—, y tu mujer te detesta, y entre tus compañeros de trabajo algunos te van y otros no te van, y no te dejan fumar adentro, y para fumar tenés que ir a la terraza, y tu mujer se quedó dormida y no te preparó el desayuno porque los chicos la volvieron loca y uno de ellos no va a ir al colegio porque tiene fiebre, y vos estás tan preocupado por si el pelotudo va a un colegio privado que podés pagarle, o a un colegio público porque podés pagarle los útiles, que no sabés si es verdad que tiene fiebre o se puso secantes en los pies para levantar temperatura porque no hizo los deberes, y sin embargo no rompés tus límites. Tu mujer no te preparó el desayuno, pero tiene con qué prepararlo. Vos odiás el trabajo, pero tenés trabajo, y vas en tu auto a trabajar, porque lo tenés. A pesar de todo, es muy difícil que te salgas de los límites, porque, aunque odiés todo eso, quieras estrangular a tu mujer y al chanta de tu hijo que está con secantes en los pies para no ir al colegio mientras vos tenés que romperte el culo en un trabajo en donde tenés un jefe de mierda y un compañero que tiene mal aliento, y te agarre la mufa, la depresión, la mierda de las ciudades, el agobio de no saber ni para qué vivís, a pesar de eso no vas a salirte de los límites.

Ahora, si tu mujer te dice "Hoy no hay desayuno porque no hay un peso para comprar comida, porque ayer cartoneaste y no sacaste nada". Tus hijos ni piensan ir al colegio, no tienen secantes en los pies pero tienen una fiebre de la concha de su madre porque los desperdicios que comieron ayer del tacho de basura tenían excrementos de rata, están intoxicados, no tenés adónde llevarlos porque la salita que estaba a dos cuadras de la pieza en donde vivís la cerraron por falta de insumos, tampoco tenés un jefe a quien odiar, simplemente odiás a la humanidad, al país, al ministro de Economía, al presidente, a todos los presidentes. Salís a la calle con una carretilla y para que no te maten tenés que sortear tres barras bravas que viven en la villa donde tenés una pieza de mierda, ves si les podés pagar con algo a los que trafican droga del otro lado porque si no no te dejan pasar a recoger tu cartonería del día, allí el límite no existe. Evidentemente, se desborda, como se desborda toda la sociedad, que se desborda desde abajo.

Primero se desborda el que no tiene nada. Ese desborde produce otro desborde: el de la gente que es víctima. La gente que es víctima de todo eso empieza a exigir de las fuerzas del orden la represión inmediata: pena de muerte, sentencia inmediata o, mejor, sentencia previa. Que haya una máquina, como en la película de Steven Spielberg, que pueda detectar cuándo alguien va a cometer un crimen y ponerlo preso antes de que lo cometa. Ésa es la ciencia-ficción favorita de la gente: tener una policía tan inteligente, y además tan incorruptible, que pueda saber cuándo se va a producir el delito con la seguridad absoluta de lo que vio, transmitido por un ser iluminado que está flotando en un agua y que ve claramente la verdad —los políticos no salen en esas visiones, deben tener rayos que no dejan que los agarren *in fraganti*, porque esto es ciencia-ficción, no "Telenoche investiga"—, que pueda buscar al futuro delincuente y, sin sentencia previa, matarlo.

Cuando se activa esa fantasía en la gente, la gente también pierde los límites. "Matalo. No me importa quién sea. Mátenlo". Eso es lo que mueve al policía, que se metió en ese trabajo para comer porque no tiene un mango ni puede conseguir otro laburo, que es arriesgado, "pero tampoco puedo estar sin llevar un peso a mi casa". Se mete en la policía por cuatrocientos o trescientos pesos mensuales, y la única manera de probar que tiene poder es agarrar ese revólver al que está autorizado y encajarle cuarenta tiros en la cabeza a cualquiera. Porque así acabó ese día, tuvo siete eyaculaciones y dijo: "Soy alguien en esta sociedad".

Le metió cuarenta tiros a cualquiera, y él también perdió el límite. Así, todos van perdiendo el límite. La sociedad pierde sus límites desde abajo, porque es abajo donde está la base de la sociedad. Porque es la parte de la sociedad laburante la que siempre sostiene el andamiaje.

DICEN QUE LA POBREZA NO ES JUSTIFICATIVO

Cuando los gobiernos son tan inconscientes que dinamitan las bases de la sociedad con la desocupación, la falta de educación, la falta de salud, y la falta de todo lo que hace a la dignidad del ciudadano, están dinamitando el país. Esto, la gente no parece tenerlo claro, pero los políticos lo tienen clarísimo. Dicen: "A mí me conviene esto, yo hago esto: robé, huí y no me pescaron". La sociedad, en general, no lo tiene claro.

La sociedad se deja ganar por los discursos autoritarios de gente que dice que la pobreza no tiene nada que ver con ser un gángster. "La pobreza no es justificación, la falta de trabajo no es justificación", dicen. Y la sociedad compra ese discurso, porque es más fácil. Es mucho más fácil porque, pensado así, matamos ciento cincuenta negritos por cuadra y nos quedamos tranquilos y contentos. De la otra manera, tenemos que razonar a quién votamos, leer programas políticos, sancionar a quien no los cumple, movilizarse eternamente y vivir frente a las legislaturas o a los congresos con carteles que digan: "Esta-ley-no-me-conviene". Pero eso no se hace. Eso es un laburo enorme. Para hacer eso hay que pensar, hay que mover la hueva y comprometerse como ciudadano. Y no queremos hacer todo eso.

Es más fácil adherir a: "La pobreza no es ninguna excusa. Papá y mamá eran pobres y no mataron a nadie para poder vivir. Mátelos, agente. Pum, pum, y ya está".

TRABAJO Y VOCACIÓN

Se hace así, se compra el discurso de que hay que reprimir. Con eso se produce un desborde de la sociedad y ésta pierde totalmente el límite.
El límite te lo da el trabajo, no hay nada que hacerle. El límite te lo da la ocupación. Tenés límites cuando hacés algo. Es evidente. Si tenés algo que hacer que te va a rendir un poco más o un poco menos, vas a conseguir mantenerte sin traspasar los límites.
Yo no me extralimito porque tengo la suerte de hacer lo que quiero. Tengo un trabajo muy especial. Encima, es cierto, gano guita y todo lo que vos quieras. Pero, aunque no ganara tanta plata, aunque no tuviera el teatro tan lleno, simplemente con hacer lo que quiero ya es suficiente. Conozco compañeros míos, actores, que están desocupados o semiocupados —por ahí laburan un tiempo y después están tres meses sin trabajar— pero tienen límites, están contenidos por su vocación, por las ganas de hacer algo. Se juntan entre tres y hacen teatro a la gorra, o se meten en alguna dirección de Cultura cobrando lecops —por supuesto, siempre cobrando con atraso— o dan cursos de actuación. Sea como sea, están haciendo algo.
Cuando vos tenés una vocación, cuando vos tenés algo que hacer en la vida, es muy difícil que te vayas a zarpar y transgredir los límites que hacen al desarrollo sano de una sociedad. Por eso está muy bien lo que hacen en esas granjas donde la gente está plantando para poder vender, o para poder comer y luego vender el excedente, como decía antes, en lugares como Jujuy o Santiago del Estero. Está bien lo que hacen en algunos asilos de ancianos, a quienes les han enseñado a cultivar —lo están ha-

ciendo unas monjas, no sé exactamente en dónde—. Los viejos cultivan y comen lo que produce la tierra. Esto también se está dando en algunas escuelas, donde los alumnos arman huertas. Está bien lo de esos laburantes que toman las fábricas que los dueños cerraron o están abandonadas y las vuelven a poner en marcha. La gente, no toda, por desgracia una parte muy mínima, está mostrando el camino. El camino es ése. No hay modelo que valga. No es cuestión de que este país se convierta en una película polaca de posguerra, con los obreros ocupando las fábricas enarbolando el retrato de Lenin, pidiendo cooperativas y propiedad colectiva y comunismo. No, no hace falta. Lo que hace falta es que se den cuenta de que si no se reactiva el aparato productivo ya, hoy mismo —o, mejor, ayer o anteayer—, no hay país, no hay plan, no hay nada.

Los políticos tendrían que darse cuenta de que así no hay ni siquiera de dónde sacar. Aunque, ellos, evidentemente, se las arreglan de algún modo. Porque si no generarían riquezas para poder sacar algo de ahí.

Acá sucede al contrario. Los políticos están en un plan de no generar riquezas, y eso es una cosa que no se entiende.

LA SOLUCIÓN IDEAL SERÍA GOBERNAR DESDE LA OPOSICIÓN

¿Qué pasa con los políticos y candidatos cuando están en la oposición? Por ejemplo, Rodríguez Saá dice que todo lo que hizo Menem lo hizo mal, y tiene razón. La falta de regulación del Estado, el disparate del uno a uno que no se podía mantener durante diez años, que era inflar un globo que, más tarde o más temprano, iba a reventar, que si no se hace producción no se puede salir adelante, que él, en San Luis, apostó a la producción, que su provincia tiene fábricas que laburan, y es verdad. Dice que en su San Luis ha hecho un microclima, más allá de Merlo, en donde el gobierno no tiene deudas, en donde la gente trabaja, "en donde no tenemos indigencia, en donde no tenemos esto ni tenemos lo otro" —yo no estuve en San Luis, pero parece que, si no es verdad, se acerca un poco—. Y tiene razón en criticar a Menem: durante su gobierno cerraron casi todas las fábricas, etcétera, etcétera.

Duhalde, como si no estuviera en el poder, se pone equidistante, y dice que son dos farsantes. Dice unas cosas tan certeras de los dos que uno piensa: "¡Qué análisis fantástico!". Acusa de mesianismo y exceso verbal a Rodríguez Saá, de personalismo, de que ejerce una censura violenta en San Luis y de que muchos jueces y periodistas se ven perseguidos, lo cual parece que es cierto. Y de Menem, menos bonito, dice de todo. O sea, que cerró las fábricas, que el desempleo, que el atraso cambiario, etcétera. Critica a los dos como si él no hubiera estado en el gobierno de Menem y como si tampoco perteneciera al mismo partido que Rodríguez Saá, ni compartiera su línea populista.

La señora Carrió hace un análisis brillante de estos tres hombres y los califica de sátrapas de la política. Ella tiene a su favor que todavía no estuvo en el poder. Pero, de pronto, habla Alicia Castro y pone distancia de Lilita Carrió y dice todo lo que la Carrió hizo mal, como lo dice también, desde otro lugar, la señora de Kirchner, que, cuando estuvo trabajando en la comisión de investigación de las coimas, se equivocó, se apuró, compró pescado podrido y un montón de falsa información que le dieron, lo que hizo que esa parte errónea de la investigación invalidara el resto. Que ella le dijo que había que tardar más en dar las revelaciones a la gente, pero ser exhaustivo y chequear todo, para no meter la pata. Porque una vez que uno metió la pata en política, eso se paga, y se paga con la falta de credibilidad.

También la señora de Kirchner parece tener razón. Entonces, vos ves que acá no debería gobernar nadie, que deberían ser todos oposición, y el gobierno debería ser un muñeco de nieve, que no existe y que comete todas las cagadas.

Como son todos geniales en la oposición, podríamos cambiar el sistema: gobierna la oposición y en el Poder Ejecutivo ponemos ese muñeco, que también puede ser un monstruo con un pedazo de cada uno de los presidentes que hemos tenido hasta ahora. Los rulitos de Rivadavia, la facha de Bartolomé Mitre, un brazo de Perón y otro de Yrigoyen, y así vamos armando el monstruo. No le ponemos el cerebro de nadie, porque eso fue lo que no funcionó nunca. Y los demás, que la tienen tan clara estando en la oposición, que vayan haciendo las cosas desde ese lugar. Desde la oposición.

LOS QUE MUESTRAN EL CAMINO

Es algo patético el hecho de que tengas razón siempre que estás en contra del gobierno. Es patético porque no suma. Debo aclarar que me siento en esa posición de hacer las críticas a este y los demás gobiernos, con la diferencia de que no soy político, nunca lo quise ser y no tengo por qué serlo. Ellos sí.
Yo, en lo que hago y que es mi trabajo, me juego. Yo laburo, yo hago y me comprometo con el trabajo. Y la gente que se compromete con el trabajo en el país hace cosas fantásticas. Por eso hay áreas del país que están bien manejadas y que van para adelante. Como el caso que hablamos de esos obreros que toman la fábrica, no por una medida de protesta sino para reciclarla, de los que plantan o de los viejitos o niños que comenzaron a formar una huerta para poder comer.
Si bien la gente la tiene clara, su problema es que tiene que elegir gobernantes, tiene que elegir a quienes serán sus representantes en los distintos lugares del Estado, que es algo mucho más grande y más complejo que sus emprendimientos. Quizás, esos emprendimientos funcionen porque son pequeños; si éstos llegaran a crecer y a hacerse grandes, podrían aparecer otros intereses, que siempre son los que encarajinan todo esto.
Nosotros, los que trabajamos individualmente, los artistas, los científicos, los médicos, los intelectuales, trabajamos en pequeñas fábricas que somos nosotros mismos o nosotros y cuatro personas más. Tal vez por eso nos sale bien. Pero, cuando se juntan y se forma una corporación, sonamos.
Yo creo que las corporaciones, en todos los países del mundo, deben tener los mismos problemas. Sólo que

muchos de ellos van para adelante o algunos, en el peor de los casos, se quedan estancados, pero ninguno de ellos va para atrás como nos sucede acá. Esto es un ir para atrás de verdad, y no hay una luz que uno vea indicándonos que vamos a cambiar de rumbo. Hay soluciones parciales de la gente que toma el toro por las astas y lo hace por su cuenta, nada más. Que son esperanzas, pero son nada más que puntas. Por ejemplo, las asambleas populares, que no sé muy bien en qué quedaron. Esos movimientos son inmediatamente dominados por sectores políticos, y entonces la gente comienza a oler mal y dice: "No, éstos son zurdos". "No, éstos son fachos". "Qué mierda, no voy...". Al final, puede quedar una militancia tradicional, pero la asamblea debería servir para solucionar los pequeños problemas del barrio y de esa manera sería muy importante; además se sumarían a los distintos barrios, que son diferentes y tienen que adoptar soluciones diferentes por su ubicación, por su construcción, por todo. Pero, si eso se usa para hacer planteos generales en cuanto a la política, no sirve, porque es una asamblea de barrio. No tiene que salir nunca de ser una asamblea de barrio y solucionar los problemas del barrio, que pueden ser de seguridad, de higiene, de salud, de precios, de comercios, de todo eso. Si la asamblea se lleva a "Acá la cosa es que el invasor yanqui", o "Lo que pasa es que los comunistas de toda la vida, los zurdos de cuarta...", se genera una discusión que puede ser positiva a nivel de café, pero no pasa nada con el barrio. El barrio se queda ahí, con los ladrones, con los policías corruptos, con la inseguridad, con los chicos que no dejan dormir a la noche con sus equipos musicales a todo lo que dan... Es decir, terminan no haciendo nada y se anulan.

AHORA SE VOTA AL HOMBRE, NO AL PARTIDO

La búsqueda de legitimidad del gobierno es un problema grave, gravísimo. No le veo una solución pronto. Creo que, como todo, no va a ser una solución rápida. Creo que se va a empezar a encontrar una solución en cuanto la gente cambie el criterio de voto, algo que no será inmediato.

El criterio de voto de los argentinos fue siempre: "Voto a los peronistas, porque soy peronista, por el escudito", "Voto a los radicales, porque soy radical", o si no: "Voto a cualquiera, con tal de no votar a los peronistas ni a los radicales". Son las tres opciones de voto. Yo las he tenido, todos hemos optado por ellas. Eso, lógicamente, implica un: "A mí no me importa, yo creo totalmente en mí". Los peronistas: "Yo creo totalmente en los compañeros. Soy fanático". "Yo creo que el país en manos de los radicales va a funcionar mejor que en manos de otro partido". El problema es de los otros, porque los convencidos, convencidos de cada sector, son minorías. Con el tiempo se fueron convirtiendo en minorías. Prácticamente, desde el '83 para acá ya había mucho desengaño con el peronismo y el radicalismo. Eran muy pocos los que seguían, de manera fanática, a su partido. La gente empezó a creer en los líderes, en los hombres, como en el caso de Alfonsín y en el de Menem. Las imágenes fueron reemplazando al fanatismo político. El fanatismo partidista era lo que producía que votaran cualquier cosa con tal de que fuera de su partido. Luego, las distintas decepciones que sufrieron las masas radicales y peronistas hicieron que la gente empezara a decir: "No, yo no voto más al partido. Yo voto al hombre que ponga el partido, yo creo en ese hombre, no tanto en el partido". Entonces, creían en Alfonsín, votaban a Alfonsín. Por la imagen justiciera, honorable, proba, no demagógica y sumamente decente. Luego a Menem, caudillo, ganador, hábil, "rata" de comité, medio tosco pero absolutamente confiable como gobernante, aunque no fuera confiable la gente que lo rodeaba porque siempre había un pícaro atrás de él, con procedimientos *non sanctos*. Pero Menem tenía la imagen del ganador.

Cualquiera fuera la imagen a la que la gente adhería, podríamos decir que desde el '83 para acá el voto de la mayoría lo decidían las virtudes, reales o imaginarias, del candidato. El arrastre del voto por parte de los partidos ha ido quedando atrás.

DE LA RÚA, LA CONTRACARA

A su turno, cada uno de los candidatos elegidos, por distintas razones, decepcionaron a la gente. Entonces, la gente, que continúa votando imágenes, se volcó hacia otro lado. Ahora la imagen fue De la Rúa. No era que estabas votando al radicalismo ni a la Alianza, estabas votando la imagen que se oponía a la de Menem.

Por eso hubo tantas discusiones en la Alianza acerca de quién debía ser el candidato a presidente, si Chacho o De la Rúa. Y se llegó a la conclusión de que los relevamientos psicológicos de la sociedad pedían una imagen completamente distinta de la de Menem. La imagen de Chacho no era lo suficientemente distinta de la de Menem, porque ambos venían del mismo tronco peronista, aunque tuvieran posiciones opuestas.

En cambio, lo que quería la gente era alguien que viniera del tronco radical y no fuera como Alfonsín. Y, en una palabra, que tuviera imagen alejada de ambos.

En realidad, lo que la gente estaba votando —y no me quiero hacer el Freud— era la imagen de perdedor frente a la imagen de ganador. La imagen de ganador de Menem les había traído un desastre; en cambio, la imagen de De la Rúa era la de un perdedor decente y digno, que siempre salió segundo, siempre de cuello y corbata, un señor. Que como intendente de la ciudad de Buenos Aires no había hecho nada, ni bueno ni malo. Pero como no había hecho nada malo, ya era un mérito espectacular. Su pinta, en general, era la de un hombre totalmente opuesto a Menem.

Ésa es la razón por la cual el aburrimiento —el supuesto aburrimiento de De la Rúa, la supuesta inacción, la supuesta duda— fue un punto a favor en el momento de elegir, porque tenían que contraponerlo a la imagen ganadora de Menem que había sufrido un deterioro muy serio.

EL LOLE ES EL FERNANDO DEL PERONISMO

Se sigue votando, ya no por partido sino por imagen. Una de las razones por las cuales el país está en vilo por la decisión del Lole Reutemann, es porque Reutemann vuelve a encarnar la imagen de De la Rúa, no ya del tronco radical sino del tronco peronista. Un tronco peronista al que pertenece de toda la vida sin haber sido jamás fanático. Porque si bien siempre dijo que era peronista, nunca fue un peronista típico, nunca salió con el retrato de Evita, nunca cantó la marcha y siempre perteneció más a la clase de arriba que a la clase de abajo.

Como entró en la gente por el deporte, y como tiene una pinta bárbara, y como puede andar por Europa y dejarnos bien, y tiene una imagen correcta, de hombre limpio, porque no tiene sobre sus espaldas ningún juicio, pasó a ser la gran esperanza de la gente, no solamente de los peronistas, sino de toda la gente. Esa gente que quiere sacarse de encima la responsabilidad de volver a votar, y volver a votar con cierta tranquilidad de que un señor la va a ayudar. Este señor se diferencia de De la Rúa porque no tiene alianza, porque la persona que ponga en el lugar de vicepresidente va a tener que pertenecer a ese partido, porque está equidistante de Menem y de Duhalde, porque siendo amigo de todos no es amigo de nadie y porque tiene esa cosa distinguida que debe tener un presidente.

Como ves, no hay ninguna razón política para votar al Lole. No hay ninguna. No es que hizo una gobernación de la puta madre, no es que hizo unas obras de la gran siete, no es que estudió política y sabe, no es que tiene una cultura impresionante, no es que tiene un crédito en el exterior porque ha instalado negocios en los Estados

Unidos y nunca defraudó al fisco, y porque tiene empresas en México y en España, y tampoco ahí nunca defraudó al fisco y siempre pagó primero que nadie, y que ve con buenos ojos el Mercosur, y que ha hecho cinco o seis exposiciones en Santa Fe que abren su provincia al mundo...

Ésas serían las razones lógicas por las cuales deberían votar a un candidato. Pero, no. Acá es por el cuello y la corbata, porque va a Mónaco y está tostado por el sol, porque no robó nunca y porque tiene cara de señor. Estamos en eso, votamos por eso.

LA CRUZ DE LILITA

Una de las contras que tiene Lilita Carrió es que es gorda. Si bien eso, al principio, le fabricó una buena imagen, ahora dicen: "Esa gorda...". ¿Qué le critica la gente a Lilita? Una cosa de imagen: la cruz.

En un país católico, tan católico como es el nuestro, en donde para la Virgen de San Nicolás y para San Cayetano hay colas de diez cuadras, no debería parecer tan insultante llevar una cruz encima. Sin embargo, no convence esa imagen de una mujer gorda no muy bien arreglada que tiene una cruz en la mano. "No me gusta", dice la gente. "No me gusta. ¿Está loca?", se preguntan muchos. Y, sin embargo, casi todos tienen una cruz en su casa. Las mujeres dicen: "Yo no salgo agarrada de la cruz. Yo tengo la cruz en la cabecera de mi cama, donde tiene que estar... Si hay que ir a la iglesia, voy a la iglesia. Hago las siete iglesias, las recorro, he ido a San Cayetano, pero yo no ando como una loca agarrada de una cruz".

A favor o en contra, siempre es la imagen lo que decide el voto.

LOS KIRCHNER, UNA INCÓGNITA

Para mí, Néstor Kirchner es un hombre enigmático. No lo conozco lo suficiente, pero creo que tiene una mitología como que ha sido un excelente gobernador. Yo no lo sé. Hay gente que dice que no. Hay gente que vive en donde él gobierna y dice todo lo contrario a lo que el mito cuenta sobre su gestión. Pero, como todo el mundo tiene detractores y sostenedores, fanáticos y contrarios, no se puede saber —si no se ha seguido su carrera— cuál de las versiones es la que más se acerca a la verdad.

Kirchner es un hombre bastante hermético, bastante impenetrable, no lo tengo tan conocido. La tengo más a la mujer, que es mucho más locuaz. A mí, la señora Cristina Kirchner me da la sensación de una mujer coherente, inteligente y equilibrada. Más que eso no puedo decir. Todas las opiniones de ella han coincidido siempre con las mías, como también las de Lilita y las de Alicia Castro. Quizás un triunvirato formado por ellas no estaría mal. Pero tendría que ser un triunvirato y no agarrarse de las mechas permanentemente.

Coincido siempre con las tres. Cada vez que dijeron algo, cada una desde su punto de vista, he coincidido con ellas. Las he defendido públicamente, incluso en la época de Menem.

A él no lo tengo, no lo termino de sintonizar. Creo que tiene una teoría de activar la producción, etcétera, etcétera, etcétera. Además, es alguien con toda la tipología de un radical pero que tiene el carnet peronista y una trayectoria en ese partido. De otra manera, no sería gobernador. Pienso que dentro de la opción justicialista sería una opción —si no hubiera otro en los demás partidos— que yo votaría.

Pero, te vuelvo a repetir, en este caso votaría por la imagen, porque no tengo la suficiente información acerca de él y sus realizaciones. Lo oí hablar y me parece que está bien lo que dice. ¿Qué hará o qué no hará? No se sabe.

LAS INTERNAS SON FEROCES

El problema es que, cuando se viene de una interna tan violenta, no sé cómo van a quedar los candidatos de cada partido, y si van a recibir apoyo o críticas de sus adversarios internos. No sé cómo será en los otros países, pero en los países grandes como Italia, Francia, España o los Estados Unidos, cuando viene la elección general se termina la interna. Y termina, de verdad. No vas a ver que un demócrata siga hablando pestes de otro demócrata, y que un republicano siga hablando pestes de otro republicano. Los candidatos que ganaron y los que perdieron no vuelven a abrir la boca en contra de su partido o del candidato que le ganó la interna. Y si lo hace, por lo menos, no se nota. Lo mismo pasa en Italia, en Francia, en España. La gente del PP se sigue odiando con la gente del PSOE y de Izquierda Unida, pero dentro de Izquierda Unida, dentro del PSOE y dentro del PP se acaban las discusiones. Puede haber algunas diferencias de matices, que vienen bien, porque así se ven más democráticos.

No son estas guerras que hay acá. Si sube Kirchner, mi miedo no es por Kirchner, mi miedo es qué va a hacer Menem, qué va a hacer Duhalde, qué va a hacer Rodríguez Saá y todo el enorme aparato de poder que cada uno mueve para poner piedras. Y no es que uno sea paranoico. Esto lo hacen. Uno, desgraciadamente, en el fragor de la lucha diaria —uno que es el pueblo— no tiene tiempo de ver qué está digitado y qué no está digitado. Uno ve después el resultado. Nosotros no pudimos ver cuál fue la digitación para que la Alianza no pudiera cumplir con nada de lo que prometió, más allá de su incapacidad, y que se hubieran visto obligados al blindaje, al megacanje y finalmente al corralito. Esto, más la entrada de Cavallo al gobierno de De la Rúa, fue directamente una movida. ¿Quién movió eso? Nosotros no estuvimos al tanto. Lo único que dijimos, ante el fracaso de Machinea, fue: "Volver a Cavallo va a ser lo mejor". Eso fue lo que pensó una cantidad enorme de gente.

Pero fue lo peor. Exactamente lo peor.

¿Por qué se empezaron a fugar capitales? ¿Cuál fue la razón? ¿Quién fugó capitales? Yo no fugué capitales, Nito Artaza no fugó capitales, el gordo García Blanco no fugó capitales y murió de una enfermedad terminal porque no pudo sacar un peso para el trasplante. Los que creímos en el sistema bancario —no porque somos los máximos defensores de la patria, sino porque vivimos acá y es más práctico dejar la plata en Buenos Aires que dejarla en Manhattan que me queda lejos— no fugamos capitales.

Los que fugaron capitales fueron los vivos que se llevaron la plata afuera.

EL DESCREIMIENTO EN LA JUSTICIA

Muchas de las cosas de la política en general suceden por el movimiento de los aparatos, de los lobbies, que existen en todos los países del mundo, pero, de alguna manera, en otros lugares se actúa de distinta forma. La Enron, en los Estados Unidos, produce un vaciamiento de la empresa y hace que un montón de gente vaya a la calle, pero hay seis o siete ejecutivos presos. Y los llevan con esposas encima de un traje Armani y una corbata Kenzo, y no es que entran por una puerta y salen por otra, ni van presos a Ezeiza, con living comedor, dos dormitorios y Sonia llevándole las películas que le gustan. No, van a una cárcel del condado, absolutamente normal, como cualquier preso. Les encadenan los pies y los dejan adentro hasta que salga el juicio. Y éstos son seis o siete ejecutivos altísimos, no son pinches, no es el que abría la caja de caudales, no es el portero, no es el jefe de security, no. Van presos los grandes ejecutivos. No van, quizás, los que deberían ir presos, pero los que aceptaron ser esbirros, sí.

En cambio, acá, el corralito no tiene responsables. No tiene. Cavallo no fue el responsable. Y si lo hizo fue para salvar al país. De la Rúa no fue, porque lo hizo para que Cavallo salvara al país. Rodríguez Saá dijo que ya estaba hecho. "Lo único que hice fue declarar que no se paga la deuda". Duhalde dijo que él no tuvo que ver, que no tenía otra que mantenerlo y pesificar, o un montón de gente se quedaba sin el departamento. "Lo hice a favor de todos ellos". Nadie tiene la culpa de nada. Acá, de los treinta mil desaparecidos, nadie tiene la culpa. Del corralito, nadie tiene la culpa. Del cierre de fábricas, nadie tiene la culpa. Del desguace del Estado, nadie tiene la culpa. Y de los negociados —del ciento por ciento que se denuncian, digamos que el treinta es verdad— nadie tiene la culpa. Ni siquiera por ese treinta por ciento. Está Piana preso, pero porque ya viene preso desde los Estados Unidos. Hay dos o tres más, y el resto goza de muy buena salud.

En un país donde nadie paga ni nadie se hace responsable por nada, viendo cómo estamos hoy, creo que estamos demasiado bien. O sea, que no deberíamos quejarnos tanto, porque acá no paga nadie por horribles crímenes que no solamente son nacionales, sino que son internacionales, que no son conocidos acá adentro, sino que son conocidos en todo el mundo. Y no se les mueve un músculo de la cara. En España hubo el famoso escándalo de Rumasa y su presidente fue preso. Después todas las fuerzas de la derecha hicieron lo posible y lo imposible para que saliera en libertad, argumentando que todo era una maniobra de la izquierda. Salió en libertad, pero tuvo que bancársela en cana un tiempo.

Acá, si hay alguien que paga, ése es el último eslabón de la cadena. Generalmente es un chico que rompió una vidriera y se llevó tres licuadoras. A ése lo agarran y, por ahí, ni siquiera va preso. Le pegan cuatro tiros y lo matan.

Por todo esto, el descreimiento en la Justicia es terrible. Y es todo un tema, porque la gente se involucra con estas cuestiones cuando tiene algo que perder o que ganar, algo muy concreto. En el caso del juzgamiento o no a la Corte Suprema, los miles de ahorristas que estaban con su dinero acorralado pensaron, en algún momento, que la Corte fallaba a favor de ellos. Entonces, cuando en medio de la discusión sobre el juzgamiento hay algo que es tu plata, que legítimamente tenés derecho sobre su destino y no te la dan, vos y los miles de ahorristas dijeron: "No, a la Corte Suprema dejenlá", porque los está favoreciendo. En realidad, la Corte no hace eso para favorecer a esa gente sino para ejercer presión y que no se la juzgue, es decir, hacerle una manganeta a los que los quisieron juzgar de entrada.

Porque si este gobierno piensa que se anota un poroto haciendo juzgar a la Corte Suprema —acordémonos de que al principio la gente quería matar a la Corte Suprema—, ésta hace una movida y dice: "Nosotros estamos a favor de los ahorristas. Vamos a declarar inconstitucional el corralito". Así cagan a Duhalde y al gobierno, y de alguna manera favorecen a la gente. La gente, como se siente favorecida, aparentemente apoya a la Corte Suprema.

Sucede que la gente, cuando se mete en la política —en realidad, la meten las circunstancias— empieza a funcionar como los políticos: "No es mi convicción sino mi conveniencia. No sé si estoy convencido, pero que me conviene, me conviene. Yo voy a defender a estos señores que me están cuidando la plata y que son una posibilidad —la instancia judicial más alta del país— de que devuelvan mi plata, con el mismo valor y en la moneda original". Por ahí el gobierno piensa: "No te vamos a dar el gusto de que la gente te apoye. Te vamos a hacer el juicio político de todas maneras". Luego, presionado por la reacción de la gente, recapacita: "Vamos a quedar como el orto frente a un millón de personas que están aprisionadas por el corralito. Hagamos que no se juzgue a la Corte, por favor, porque si no, son votos en contra. Esa gente nos va a odiar".

De esa manera, se vacía de contenido la discusión sobre la necesidad de juzgar o no a la Corte Suprema. La discusión pasa a ser "Me devuelven los dólares, no me devuelven los dólares". No es sobre si la Justicia es mala o buena; y se nos pide que nos olvidemos de todo lo que hizo antes. Y si nos olvidamos de lo que hizo antes, no reclamemos justicia después. Así como ahora por la contingencia política, y los problemas políticos, y los quilombos políticos de este momento, de hoy, me favorecen, quizás mañana no me favorezcan más y yo no voy a tener derecho a criticar ni a juzgar. Me van a decir: "Estuvimos por juzgarla, pero a vos no te convenía. ¿Ahora te cagó y querés que la juzguemos?". Eso no tiene coherencia.

Es tal el grado de caos que la gente piensa en el "sálvense quien pueda".

Por eso, el corralito es una de las medidas más nefastas, siniestras, perversas, que se han implementado. Porque tocaron una parte de la sociedad oficialista por naturaleza, defensora del orden por naturaleza. Nueve de cada diez de las personas que tienen cuarenta mil, cincuenta mil, sesenta mil, setenta mil dólares es gente que defiende el orden establecido. Porque esa plata la pudo hacer sólo en un país más o menos en orden. Y creyó que el orden establecido se la iba a mantener segura. Cuando jodés a ese sector, ese sector se vuelve loco, no está acostumbrado a la lucha, no está acostumbrado a que lo marginen, no está acostumbrado a que lo forreen. Está acostumbrado a que no lo tomen en cuenta, es cierto, pero hasta ahí. Por supuesto, si bien la mayoría de ese sector tenía esas características, no todo el mundo era así, porque había gente que tenía cinco mil dólares, tres mil dólares. De todas maneras, tocaron un punto neurálgico de la sociedad: la gente que tiene plata. La mayoría no son muy ricos, pero tienen plata. Ése es un punto que nunca se había tocado.

Creo que todos sabían perfectamente que, al tocarlo, se venía una debacle total y absoluta. Por eso me parece una medida perversa, desagradable, nefasta, de consecuencias impensables. No creo que lo hayan hecho a sabiendas; supongo que pensaron en frenar la fuga de capitales.

Y cuando se fueron, lo hicieron diciendo: "Ahora, arreglen el país. Si pueden... Con toda esta gente en contra vamos a ver cómo van a gobernar. Me sacaron, me jodieron: yo les hago esto. Freno la fuga de capitales y listo. Si continúo, continúo, si no continúo, dejo una bomba y me voy. Y ya está. Me van a tener que volver a llamar". Después, cuando explote todo, y todo se vaya al carajo, si es Menem, o Rodríguez Saá, o Kirchner o cualquier otro el que está en el poder y dentro de tres años llama a Cavallo, nadie va a decir que no. Todo el mundo va a decir: "En este contexto, con Cavallo vamos para adelante. Antes, Cavallo no pudo hacer nada porque estaba con el desastre de De la Rúa. Tenía toda la gente en contra dentro del gobierno —De la Rúa no, pero Chacho

Alvarez y toda la gente de izquierda—. Pero ahora, en este contexto, Cavallo es un bocho".

Mientras una parte de la gente siga pensando —que es la que todavía tiene dos patas para moverse y puede hablar, porque el resto está cartoneando— que Cavallo es un bocho, lo van a seguir llamando a Cavallo. Y Cavallo nos va a seguir jodiendo.

Yo no sé si es un bocho. Es probable que lo sea. Pero, evidentemente, con nosotros ese bocho no funciona.

HAY QUE CAMBIAR DE ACTITUD

Siempre el voto de la gente tiene que ver con la imagen más que con lo que dicen o con lo que hacen los candidatos, con su historia, con su honradez, con la justificación de sus cuentas bancarias, con su inteligencia o con su capacidad. Mientras eso no se corrija, no se van a ir todos. Se van a quedar todos. Porque nosotros estamos votando gente que no conocemos. Simplemente, nos convencen por lo que parece que es, o por lo que se supone que queda como vestigio de un partido que alguna vez tuvo mi abuelo. Que alguna vez tu abuelo te dijo: "Vos tenés que votar siempre por Perón, porque Perón me mató el hambre. Porque yo vine con una mano atrás y otra adelante de Italia, Yugoslavia, de la concha de tu madre, de Cracovia, y acá pude encontrar trabajo". O, si no, tenés un abuelo que te dijo: "No, Perón no. Es un fascista hijo de puta, es una porquería, vos no tenés que votar nunca por el partido peronista". Se vota, se elige, por un viejo recuerdo de los abuelos o de los padres, por un pálido recuerdo ideológico, por la imagen, por lo que es, por lo que no es, por lo que hace y por lo que no hace. Es evidente que no somos serios a la hora de votar, por lo tanto ellos tampoco son serios a la hora de gobernar.

No se van a ir, a menos que nosotros cambiemos el criterio. "No, no, a mí deme un programa de gobierno. A ese programa lo voto, y si ese señor o esa señora, o ese conjunto de políticos, no hizo lo que prometió, su política me dejó sin trabajo, voy a estar, con firmeza y sin quilombo, sin cortar rutas, sin quemar gomas, frente al Congreso o frente a todos los congresos del país permanentemente diciendo: "No se cumplió la ley, no se cumplió la ley". Ésa es la revolución de Gandhi. La revolución de la gota que horada la piedra. "Aquí estoy con mi cartel". Con ciento cincuenta mil personas artrás. "A ver, matanos a todos". Estando ahí, sin que nadie provoque nada. Si tiran, que tiren ellos; nosotros, no. Y no vamos a estar ninguno de nosotros con la cara tapada o el retrato del Che gritando atrás y tirando piedras, que uno no sabe si están con nosotros o los mandaron ellos. Esa gente no entra en la protesta. "Estamos acá porque no cumplen la ley".

Es una actitud muy heroica la que yo le estoy pidiendo a la gente, pero es mejor eso que el holocausto de las muertes en Avellaneda, incitar al monstruo represivo para que el monstruo represivo nos mate, se dé el gusto, mantenga la impunidad, y nosotros llevemos la bandera de los muertos, y a empezar todo de nuevo. No. No va.

Lo que va es la firmeza de un pueblo decidido a vivir en democracia y que no tolera el engaño.

Pero que no tolere el engaño de lo que dijeron que iban a realizar, no de lo que a mí se me canta el culo. Si la mayoría del pueblo votó una propuesta de gobierno y esa propuesta de gobierno se cumple aunque a mí no me guste, puedo seguir oponiéndome, pero no voy a salir a protestar. "Yo dije que había que romper con el Fondo Monetario Internacional. No se hizo, entonces yo apedreo la Casa de Gobierno". Eso tampoco sirve.

Mientras nuestra actitud frente a la manera de votar no cambie y siga siendo ésta, la de elegir por la imagen solamente, no va a cambiar la política y no van a cambiar los políticos. La política no va a cambiar de un día para el otro. Ellos no se van a ir. Nosotros vamos a volver a votar y, seguramente, esta nueva elección del 2003 va a ser otra frustración. Porque se van a quedar los mismos.

La cosa es que nos hartemos, ya. Y cuando veamos que iba a hacer esto y lo que hizo fue esto otro, nosotros preguntemos: "¿Qué pasó?". Y que tampoco empiecen a pedir tiempo, porque uno se da cuenta cuando las cosas empiezan mal. Como aquella vez del impuestazo de principios del gobierno de la Alianza. Ahí tendríamos que haber salido. ¿Vos sabés la cantidad de cartas que recibí, de señores y señoras, sobre todo señoras aliancistas, que decían que yo metía en la misma bolsa a Menem y a De la Rúa? Yo había debutado el 2 de enero de 2000 con "Pericón.com.ar", y el impuestazo salió por febrero o marzo. Yo, a mitad de febrero estaba hablando pestes. Dije: "Esto es la hecatombe. Así empieza todo mal. Señores, ustedes dijeron que no iban a aumentar los impuestos". "Pero esto era necesario, porque los que ganan más de 1.200..." "No me importa. Esto es volver a hacer cagadas y profundizar los problemas. Yo sé que esta gente tiene un mes de gestión. No-me-importa. Cuando un chico de un mes de vida caga verde, hay que hacerlo ver, porque no puede cagar verde, tiene que cagar marrón, por más chiquitito que sea. Y si el chico llora todo el día, algo le pasa, hay que hacerlo ver. Este chico no anda bien, doctor. Este chico no anda bien", decía yo en el espectáculo. "Esto es una mierda" "¡Oh, Dios, qué dijo!" Me llegaron decenas de cartas de señoras radicales, llorando. "¿Cómo los va a poner en la misma bolsa? ¿Cómo es posible que a un mes de instalado el gobierno usted diga eso?" Mirá lo que pasó, ¿te das cuenta? ¿Dónde se tendría que meter las cartas toda esa gente? Cartas airadas porque decían que los metía en la misma bolsa. Ahí tuve que decir: "Oíme, amorosa, tengo una bolsa para cada uno". Cartas que me mandaban personas indignadas porque a mí se me ocurría hablar mal del sacrosanto gobierno de la Alianza. Un año después, muchas de esas pelotudas que me escribieron fueron a parar a la plaza, cacerola en mano.

De esto se trata. Para que no llegue el cacerolazo, para que no lleguen los muertos del 20 de diciembre de 2001, la represión, el horror y un presidente rajando en un helicóptero desde la terraza de la Casa de Gobierno, ¡que es bochornoso para el país, para nosotros como ciudadanos, ver a un presidente huyendo! Huyendo, además, de un montón de amas de casa, de la clase media y de la clase media alta, señoras del Barrio Norte, con un reloj de oro y una cacerola en la mano. Eso lo asustó. Imaginate si llega a estar la gente de Bin Laden, ¿en qué se va? ¿En un cohete? Hubiera sido fantástico.

Realmente, eso que ocurrió fue una cosa catastrófica

para el país. Pero hay que tratar de no llegar a eso. Si vos hubieras gritado en el primero de los impuestazos: "Señores, no se paga", ahí Machinea hubiera tenido que cambiar la actitud. Pero nunca dimos señales de vida, y los pocos que dimos señales de vida fuimos acusados de inmediato de ser menemistas, prácticamente.

Lo mismo pasó con Menem. Cuando Menem adopta esa posición de privatizar todo, de esa manera, y cuando comienzan a comprobarse las primeras irregularidades, enseguida teníamos que haber salido todos para que la corrupción que se venía no continuara. Pero los únicos que salieron fueron los empleados de Entel, y en ese momento la gente odiaba a Entel y quería matar a los cuarenta o cincuenta que estaban defendiendo un puesto de trabajo. "¡Váyanse a la mierda, hijos de puta, hace cuarenta años que pedí un teléfono y no lo tengo por culpa de ustedes! ¡Sátrapas, pinchadores de líneas, burócratas inmundos, me roban la plata! ¡Afuera, a plantar papas al campo!" Eso le decía la gente a los de Entel, pero no tenía la misma actitud para vigilar cómo se estaban haciendo esas transformaciones económicas tan importantes para la Argentina.

MENEM, ¿OCASO O RENACIMIENTO?

Carlos Saúl Menem, biológicamente, no tiene mucho tiempo para continuar vigente en la política, porque se supone que todos los seres tenemos una vida útil. Aunque no es tan viejo, se considera que un político, en su mejor momento, tiene una vida útil que va entre los 40 y los 70 años. Esta vigencia podría extenderse si el político es un hombre muy sabio, que no necesita vivir de manera exuberante su actividad, y ése no fue ni es precisamente el perfil de Menem.

Desde ese dato biológico, él tendría que empezar a pensar en ceder su lugar. Lo que pasa es que no encontró sucesor, como tampoco nadie lo encuentra en este país. Para los políticos argentinos, los sucesores no existen. Los sucesores son ellos mismos. Si pudieran, se clonarían, pero, por desgracia para ellos, no hay clones de seres humanos, todavía. Cada político quiere que una persona igual a él —si es posible, él mismo— continúe su gestión. Y eso es imposible, científicamente hablando.

En otros países salen sucesores. La necesidad arroja al primer plano, de pronto, a ese ser que no siempre está en la misma línea, que no siempre tiene la misma categoría, que no siempre supera a lo anterior, sino que muchas veces lo desprestigia y lo hace bolsa. Pero, sea como sea, surgen. La necesidad los obliga. Acá no veo que surja tanta gente como en esos otros países.

Por ejemplo, Aznar, que tiene menos carisma que una botella —bueno, la mujer se llama Botella, pero no tiene nada que ver—, nunca lograba acceder al gobierno español porque nunca podía con el carisma de Felipe González. Aunque la gente estuviera harta de Felipe González, aunque la gente ya estaba podrida de su pseudosocialismo y también de un montón de casos de corrupción y por la cantidad de personas que no tenían trabajo, no se atrevían a votar a Aznar. Primero, porque la derecha no gozaba de mucho prestigio, y segundo, porque él no tenía las características de un hombre carismático. Pero llega un momento en que la fuerza pendular de la política, los desaciertos de un gobierno —su desgaste—, producen un liderazgo en alguien como Aznar, que no lo tiene realmente como persona fuera de ser una figura representativa de la España del momento. Y ahí está. Parece que su gestión económica no ha sido mala, sino todo lo contrario, que las libertades no se han visto cercenadas porque fue en eso en donde tuvo más cuidado de que no lo relacionaran directamente con la etapa más violenta del franquismo de prohibir todo, censurar artistas, tetas, culos y todo ese tipo de cosas que están en la pacatería cursi. Si bien no es el sucesor real de Felipe González, en principio porque es de otro partido, está.

Después del revoloteo ultraliberal de la Thatcher en Inglaterra, que tiñó toda una época, tanto en Inglaterra como en el mundo, con un liderazgo fuerte, de hierro, impresionante, con toda una serie de éxitos, atrocidades y aciertos internos, apareció Blair. Esa mujer llenó un capítulo, pero Blair, que sigue en otro orden y otro partido, se da como sucesión. Por eso, se puede hablar de una época Thatcher y una época Blair.

En todos esos lugares hay una renovación. Acá no la veo. Yo disiento totalmente con la Thatcher, porque representa la teoría ultraliberal, pero debo decir que su fuerza de líder es indiscutible. Y la fuerza de líder de Blair también, y tampoco coincido con él —sí coincido con el Partido Laborista—, porque Tony Blair se pasó por los huevos los principios del partido y tiene una tendencia belicista, muy discutible, a favor de las apetencias de Bush.

De una manera u otra, en el mundo coherente y realista, las sucesiones políticas se dan, porque son el reaseguro de la continuidad democrática. En esos lugares nadie dice eso que escuchamos en nuestro país cada par de años, sobre todo en vísperas de elecciones: "Yo o el caos".

CAPÍTULO 5

Algunas frases me tienen repodrido

ESTOY PODRIDO DE LA PALABRA POPULISTA

Los que rigen la economía mundial —yo no soy un experto en economía, pero lo veo así— no están dispuestos a tomar una decisión política que incluya a la gente. Creo que las "inclusiones" de la gente están mal vistas por la mayoría de las teorías económicas imperantes. Me refiero a aquellas que detentan el poder, porque hay otras teorías económicas que están, que existen, que sí incluyen a los seres humanos. Que se podrían elegir, pero no se eligen.

Una palabra que me está molestando muchísimo —así como me molesta la quema de banderas— es la palabra "populista". Estoy podrido de la palabra populista. Harto. Estoy hasta acá de que, cuando cualquier persona dice que hay que incluir a la gente, cuando cualquier persona dice que una de las llaves para abrir la puerta de las soluciones de la República Argentina actual es darle trabajo a la gente, quede como una frase de buena intención, como una carta de intención, como una expresión de deseos. Populistas, les dicen a esas personas. Voluntaristas, populistas. Y yo estoy harto de que califiquen así el deseo de la gente de sentirse incluida en una teoría económica.

Ya no digo del que no tiene trabajo, sino de los que tenemos trabajo y estamos hartos de ver a la gente desmejorarse física, psíquica y biológicamente. Yo estoy podrido de ver por la calle a la gente cartoneando. Estoy harto. Y hace nada más que un año y pico que los veo de manera tan masiva. No es que no los aguante a ellos: no aguanto la situación. Es una situación de injusticia muy cruda. No aguanto ver en mi ciudad —mi ciudad— aquellos sitios donde antes había negocios, que fueron importantes en la República Argentina, tanto en la capital como en las ciudades de provincia, y en donde había sastrerías, por ejemplo, Thompson y Williams, Albion House, tienda La Princesa, a donde iba mi mamá a comprar su ropa, sastrerías a donde me llevaba mi papá a comprarnos los trajes, y en donde miles de personas de la clase media se compraban la ropa, ahora sean lugares abandonados. Se cerraron, primera mala noticia. Segunda mala noticia, no sólo esos lugares están abandonados sino que son el hogar nocturno de los cartoneros antes de tomar el Tren Blanco. Pernoctan en noches de un frío espantoso. Yo los he visto.

Todo eso que antes era pujanza —una tienda que vestía a la gente que podía comprarse la ropa, incluso los más afortunados se hacían la ropa a medida— hoy es un lugar abandonado transformado en cueva de menesterosos, que no merecen ser menesterosos.

Cuando uno ve todo esto se siente podrido, cansado, hastiado. Y cuando uno dice esto, lo tratan de "populista". Cualquier persona que tenga como objetivo real sacarlos de la calle —no con una topadora, porque para eso ya tenemos a Macri y toda esa gente que lo dice—, lo llaman populista. No es que yo no quiera verlos por el centro, "sacámelos de acá y llevalos al suburbio". No quiero que existan más, porque me hace mal a mí, me molesta. ¿Qué hago para conseguir eso? No puedo hacer absolutamente nada, eso lo tengo totalmente claro. Lo único que puedo hacer es votar. Pero votar por gente que eso lo contemple como un plan viable y no como una expresión de deseos.

Y, hasta ahora, todos los que subieron al poder me han decepcionado, de una u otra manera. Yo pensé que Menem iba a explotar su costado "populista", y que eso no lo iba a permitir. Lo permitió y lo fomentó, además. Yo pensé que la Alianza, con su costado "populista" también —y por las promesas que había hecho—, iba a corregir los errores. No sólo no los corrigió sino que creó las condiciones para que todo eso llegara al clima de paroxismo que tiene ahora, que es el colmo. Yo pensé que Duhalde, haciendo uso de su famoso aparato de ayuda social, unido al conjunto de excéntricas musicales Las Manzaneras, Chiche y todo lo demás, iban a cortar todo este desmoronamiento de las capas más pobres de la sociedad, o a paliarlo, o a disminuirlo. No sólo no lo disminuyeron sino que hay más todavía que en la época de De la Rúa.

Toda la gente que, por elección, por la Asamblea Legislativa o por la pindonga, está ahí arriba desde los últimos quince años, que es cuando empieza este horror desatado, no ha hecho nada. Y a todos los que pedimos la inclusión de esa gente en planes sociales que no pasan por la limosna, ni por el Plan de Alimentación Nacional, sino que pasa por la creación urgente, ya, ayer, anteayer, el año pasado, de puestos de trabajo, nos responden que no se puede y que esas soluciones empeorarían aun más el problema porque son soluciones populistas.

¡QUÉ POCO PREVISIBLES SOMOS!

Al olvidarnos de que la urgencia es la creación de puestos de trabajo, no generamos con esta actitud ningún elemento que pueda modificar, a su vez, las actitudes de afuera, las actitudes del Fondo Monetario Internacional, las actitudes del Banco Mundial, las actitudes de todos los emporios y de todos los lobbies y de todos los esquemas financieros del poder que aprietan a la Argentina. No vamos a poder cambiar lo que piensan de nosotros ni van a cambiar los de afuera mientras vean que adentro no cambian.

Por un lado, escuchás dislates como los sultanatos de Menem, locuras que tratan de compararnos con Malasia. Por otro lado, el candidato Rodríguez Saá habla de nulidad de todas las leyes, algo que hace temblar a aquellos a los que todavía les importa algo la Argentina en cuanto a inversión, como socios o como patrones de nosotros, ambas cosas para tener la posibilidad de generar trabajo.

Si hay algo por lo que la Argentina se distingue es porque siempre un gobierno tira abajo todo lo que hizo el otro. Todo, menos lo malo. Lo malo que dejan, lo refuerzan y lo perfeccionan. Lo poco bueno que haya hecho el otro gobierno, siempre lo tiran abajo, porque hay algo extraño que les impide tener continuidad. Esto hace que la Argentina, siendo un país tan rico y con un desarrollo cultural bastante importante —a pesar de lo deteriorado que está—, no sea un lugar adecuado para los inversores.

Mirá que en la última década, la menemista, Menem se bajó los calzones —todos nos bajamos los calzones—, y los inversores vinieron acá y pudieron ganar. Pero con lo que ocurrió después se volvieron a ir. Y no es que decidimos echar a los inversores. Porque si se hubiera dado una revolución encabezada por un líder comunista —no populista, sino comunista, de esos que enarbolan la hoz y el martillo— llamado Fidel de la Rúa, o Mao Tsé Alvarez, o cualquier nombre de ésos, podríamos decir: "Claro, subió el comunismo, cambió el sistema, esta gente estatizó todo lo que estaba privatizado, incautó los bienes de todas las privatizadas y mandó a la mierda a los inversores extranjeros. Qué horror, cambió todo". Pero, no, no, no. Nos bajamos los calzones durante la era menemista, se les vendió o se les regaló todo, se les dejó cobrar lo que quisieron, no pagar los impuestos, permitimos que hicieran lo que se les cantara el culo.

Cuando viene el siguiente gobierno, ¿cambia algo para que se irrite esa gente? No. ¿Vuelven a estatizar, algo terrible pero coherente si es que se produjo una revolución? No. Simplemente, se les va de las manos la economía y no se puede continuar con esa farsa del uno a uno, que es lo que les permitía a los inversores ganar la plata que ganaron. Se les va de las manos esto, les explota un cohete, dos cohetes, tres cohetes, y al cuarto cohete, la misma persona que puso el país de esta manera para que las privatizaciones fueran un súper gran negocio para los inversores de afuera y no para la Argentina decreta el corralito, porque tiene que tapar el hueco por donde se van las reservas, de lo contrario todo se termina.

¿Cómo es posible, me pregunto yo, que cada gobierno destruya lo poco positivo que se ha hecho por el país, lo empeore de una manera tal que hace que el inversor diga "No-quiero-más"? Y eso, sin hacer una revolución, sin cambiar el sistema. Porque, si todo cambia, es lógico que el inversor se vaya. No, no, no, sin cambiar. El país sigue entregado, vendido, descapitalizado, el laburante sigue sin encontrar la fórmula que le permita mantener el empleo, el usuario sigue recibiendo un servicio malo, porque en la medida en que el servicio es tan caro que no lo podés pagar deja de ser un buen servicio. Todos nos perjudicamos, los de afuera y los de adentro, gracias a esta gente que nos gobierna, y que después se queja cuando es criticada, diciendo que la cosa no es así.

La cosa es simple: si no sabés, no te metás.

Pero todos siguen con la cosa mesiánica de "Yo tengo la justa, tengo la precisa. Acá, cuando yo estaba...". Y empiezan los militares a decir: "Cuando nosotros estábamos, no había este desorden por la calle. Cuando nosotros estábamos, no había pobres. Cuando nosotros estábamos no había cartoneros. Cuando nosotros estábamos...". Y se va agregando Alfonsín: "Cuando yo estaba no había cartoneros, cuando yo estaba no había pobres, y estábamos mejor que con los militares, porque yo permití la libertad de prensa..." Inmediatamente, Menem podría decir: "Nadie dio más libertad que yo, porque durante mi gobierno me dijeron de todo, y yo lo dejé decir. Y encima, privaticé, y al privatizar hice que el país entrara en el Primer Mundo. Antes de mi gobierno no había esto, ni había lo otro, tatá, tatá, tatá...". Dentro de muy poco, cuando De la Rúa salga de su autismo, tal vez diga: "En mi época, con todos los defectos que pudo haber tenido, no se había llegado a la miseria ni a la inseguridad que hay ahora. No había secuestros express, etcétera, etcétera, etcétera...". Y ya Duhalde debe tener preparado su discurso de descargo para dentro de unos meses, cuando esté cómodamente haciendo de bañero en alguna pileta de Lomas de Zamora.

Evidentemente, no hay grandeza —pero no solamente de grandes gestos—, no hay nivel, estamos gobernados por gente sin ningún nivel de capacidad, sin ningún nivel de dignidad, sin ningún nivel de coherencia, sin ningún nivel de nada. Y cuando digo: "Estamos gobernados", exceptúo, desde ya, a la gente que no conozco —que debe haber, y buenísima— porque, públicamente, no los he visto en acción.

Es verdad que uno siempre tiene que agradecerle a algún legislador o a alguna legisladora ciertas declaraciones oportunas, alguna movida en las cámaras de representantes o alguna intervención importante para leyes especiales. Es cierto que no todo es horrible, que no todo es malo, que no todo es espantoso. Yo, como persona de teatro y de cine, tengo que agradecer que Irma Roy y Luis Brandoni se movieran muchísimo para que la Ley de Cine y la Ley de Teatro salieran, creando, permanentemente, comisiones a tal efecto. Lo hicieron, y agradezco desde mi lugar de persona de la cultura todos los esfuerzos que ellos hicieron desde la Legislatura. Alguien dirá: "Siendo ellos dos actores, era lo menos que podían hacer...". Está bien, son actores, ¿y qué importa? Lo que importa es que lo hicieron, y yo se los agradezco.

Pero todos sabemos que una golondrina no hace verano. Ni dos, tampoco.

CANDIDATOS DE TERROR

En general, la dirigencia política argentina me ha derrumbado, y estoy realmente excedido de derrumbes espirituales. Estoy mucho peor que en el 2001. Mucho peor. No creo en nadie, ninguno me inspira confianza, y no veo voluntad política para resolver lo que para mí, y para millones de personas, es la clave del problema de nuestro país: la falta de trabajo.

Esto es así, y no hay de qué seguir hablando. Ninguno de los candidatos con posibilidades de acceder al poder me da la seguridad.

La cosa mesiánica que propone Rodríguez Saá no se la creo. Porque una persona que no pudo estar ni una semana en el poder no me inspira confianza.

Una parte de la política argentina, cuando no tiene ideas concretas y viables, formula ideas teóricas de manera espectacular para lograr los votos. Pero como esto se hace sin organización, se busca lograr un impacto presentando una diversidad de ideas y personas encolumnadas detrás de un candidato. La diversidad es un signo democrático, si está bien aplicada. Si está mal aplicada, es una bolsa de gatos —y con esto vuelvo a recordar y citar al pensador riojano Menem, pues ésta fue una de sus metáforas sumamente oportunas refiriéndose a la Alianza y denominándola bolsa de gatos, con perdón de los gatos—.

Más allá de que son una bolsa de gatos, esta unión de diversos personajes en un mismo partido no significa otra cosa que un golpe de efecto. Creo que esa corte de los milagros que forma Rodríguez Saá con gente de izquierda y de derecha, en donde se acerca a las Madres de Plaza de Mayo, a Castells y a los piqueteros, al mismo tiempo que trae a Rico, a Patti y a todos los demás, está hecha para captar a la mayor cantidad de gente posible. Si una persona dice: "No, es muy reaccionario...", otra le puede contestar: "Mirá que no. Están Castells y las Madres de Plaza de Mayo". "Ah, tenés razón...". Si una persona es absolutamente de derecha, podría decir: "¡Están las Madres de Plaza de Mayo!", y otra le puede responder: "Sí, pero está Rico y está Patti...". "Ah, tenés razón..."

Creo que se basan en que la gente no piensa. "Mirá toda la gente distinta que hay". "Yo lo voto por éste". "Yo lo voto por este otro". Y éstas son cosas que no se deberían intentar más después de la Alianza, en la que creímos los que la votamos, como yo, que la voté porque creí que eso era "posible" —no probable—, porque no se me ocurría que era tan disparatada. Después se comprobó que no era tan, sino más disparatada todavía. Con De la Rúa y sus hijos y su clan y sus sushis, que no se podía hacer absolutamente nada que tuviera que ver con el plan progresista o "populista", para nombrar esa palabrita.

Ahora, cuando ves las puntas del espectro político, ves a López Murphy en Miami peleándose a los gritos con el hermano de Adolfo Rodríguez Saá, y sabés que uno, López Murphy, estuvo veinticuatro horas en la función pública, y el otro, Rodríguez Saá, siete días.

¿Quiénes son para hablar? ¿Quiénes son, en cuanto a poder funcional? Si bien tienen sus largas carreras políticas, que yo las respeto, porque hay que respetar el trabajo de la gente y los años que le dedicó a la profesión uno, y los años en el poder en San Luis el otro que, me parece, es un poco más fácil que el gobierno nacional ya que su familia está ahí desde mil ochocientos y pico, y me suena que la mano viene un poquito más liviana por ese lado. No tengo ningún problema en respetar a esa gente, pero hay que saber qué hacer cuando llegan los momentos de las grandes responsabilidades, porque en un país unitario como es éste, importa menos lo que pasó en la provincia con respecto a lo que pasa en el poder centralista de Buenos Aires, que es el que gobierna a toda la República, nos guste o no nos guste. A mí no me gusta que sea así, pero *es* así.

Vemos que, cuando ellos asumen el gran poder, el poder unitario en una república federal, uno estuvo veinticuatro horas y su cara asustó a la gente. No abrió la boca López Murphy y la gente dijo: "¡Noooo!". Fue un clamor popular, fue un cacerolazo sin cacerolas. "¡Por favor, que no asuma, porque me cago de miedo de oírlo, de verlo caminar!" Y el otro escuchó tres cacerolas en Chapadmalal y salió cagando, después de tres días de gobierno y luego de declarar el *default*. Porque, los dos, para tomar medidas, son divinos. Pero, para poder sostenerlas, uno no duró ni veinticuatro horas y el otro siete días.

Ésa es la gente que se está peleando por el poder. Y esa gente nos dice que uno es mejor opción que el otro. Yo, la verdad —y no estoy hablando teóricamente, en el sentido de si me gustan sus ideas o no me gustan sus ideas—, considero que todo eso es un desatino vergonzoso.

UN BOCHORNO: "MIS MEDIDAS NO SON SIMPÁTICAS"

Otra cosa que me tiene harto de las formulaciones de los políticos es cuando dicen: "Mis medidas no son simpáticas".

Esto lo dicen en un momento en que tenemos la desnutrición al nivel que está, en un momento en que tenemos la delincuencia social al nivel que está, en un momento en que las bandas —no se sabe manejadas por quién— son incontrolables y no se puede salir a la calle, directamente. En este estado de crisis sin precedentes, con una Corte Suprema totalmente enjuiciada, que sale libre del juicio —no porque se le hizo juicio y se le comprobó la inocencia, sino porque no se le hace ese juicio, porque prefieren no destapar nada— por una decisión política que toma la Cámara de Diputados diciendo: "No abramos ese inodoro porque el olor nos va a matar. Dejémoslo cerrado". No es que la Corte salió libre de culpa y cargo cuando se comprobó, fehacientemente, por un tribunal internacional de La Haya que estos jueces eran enviados del Señor —no del señor Menem, sino del Señor con mayúscula, desde el de más arriba, del verdadero Señor— y nosotros no nos habíamos dado cuenta. No. Es que zafaron. Y zafar, para una Corte Suprema de Justicia, es bochornoso. Es más, hasta ellos se sienten abochornados, y dijeron: "Estamos mal, porque, ¿viste?, nos perdonaron la vida...", poniéndose colorados, algo insólito, porque para hacer que ellos se pongan colorados hay que tener una crisis grave. Es un color que no conocen, tienen miedo de que los confundan con el rojo del comunismo.

En esta crisis sin precedente, social, política, económica, cultural, moral, en donde hablamos de un hambre horrorosa, de malformaciones genéticas, de gente que ya nace tarada en nuestro país, hablar de medidas simpáticas o antipáticas es una terminología que debería ser prohibida por la Constitución, a pesar de que odio la palabra prohibir.

Deberían prohibirle a esta gente que diga "Vamos a tomar medidas antipáticas", o "Nuestras medidas no son simpáticas". Eso no cayó bien nunca, jamás se aguantó ese tipo de frases; pero no es lo mismo en un momento en que todo el mundo tenía trabajo, decir: "Señores, hay que apretarse un poco el cinturón, porque se está gastando mucha más plata de la que entra, y nuestro país necesita austeridad. Por lo tanto, vamos a recortar los gastos públicos, vamos a racionalizar la administración , va a haber algún que otro despido, porque no tenemos más remedio, hay mucha gente que está cobrando sueldos y jubilaciones de personas que ya se han muerto, son alrededor de trescientas o cuatrocientas mil personas que no van a cobrar más, o sea que no van a cobrar más estos vivos que están cobrando por los muertos. Lo lamento...".

Cuando la sociedad todavía tenía cierto bienestar, cuando el hambre era algo que ocurría en lugares muy específicos y muy minoritarios de la República Argentina, y que se hablaba de las carencias por una cuestión de juego político, era aceptable que alguien hablara de simpatía o antipatía cuando se refería a planes económicos. "Señores, hay que apretarse el cinturón", "Señores, hay que pasar el invierno", y todas esas cosas que nos dijeron durante muchísimos años y que, de alguna manera, tenían cierta funcionalidad y coherencia en un país donde el hambre no existía casi, donde la desocupación era muy baja y donde el analfabetismo era bajísimo, el más bajo de América Latina. En este momento, hablar de medidas simpáticas o antipáticas da una sensación de brutalidad, falta de cultura, falta de dominio del idioma, falta de clase, falta de *savoir faire*, falta de educación, falta de ubicación político-social, autismo total y absoluto, envejecimiento al usar términos *demodé*, que no se llevan más, que son como los sombreros de luto, con crespones, de las mujeres. No se llevan más.

Hay que decirles a los López Murphy, a los nuevos Alsogaray, a las nuevas María Julia, a todo este liberaloide look, que cambien, que no sean tan asquerosamente conservadores, colonialistas, pasados de moda hace cincuenta años, y que por lo menos cambien la terminología. Y ya que son tan modernos en algunas cosas, que no digan más ni medidas simpáticas ni medidas antipáticas, porque la simpatía y la antipatía no tienen nada que ver con un país que llegó a tener un treinta por ciento de sus habitantes por debajo de la línea de la pobreza.

LA COLIMBA NO ES LA GUERRA, PERO TAMPOCO LA SOLUCIÓN

Esto que digo sobre el lenguaje perimido de algunos políticos no tiene nada que ver con el populismo. Esto que digo es: "Salvémonos, que se hunde". Esto es: "A los botes salvavidas". Esto es: "Revisen los botes, agarren los salvavidas del 'Titanic' que no estén pinchados, porque nos caemos al agua donde hay cuarenta grados bajo cero y ciento cincuenta mil tiburones por metro cuadrado". No se trata de ser simpático o no simpático, no se trata de ser populista o ser monetarista en un momento en que hay que arreglar todo esto. Pero no con aviones que tiren polenta, como ha hecho el justicialismo durante toda la época menemista, que pasaba con la topadora y atrás venían las minas manzaneras con: "¡Mortadela, polenta, mortadela, mortadela, mortadela, polenta, polenta! ¡Tomá harina! ¡Tomá diez pesos pa' los chicos...!".

No, así no se arregla. Como el aparato peronista lo trató de arreglar durante dieciocho años en la provincia de Buenos Aires y en el conurbano, así no se arregla. Es evidente, porque la pobreza ha ido *in crescendo*, y cada paquete de polenta parece que trajo más pobreza aún. Más hambre. Porque al no tener trabajo, esos mismos que recibían la polenta no conseguían revertir su crisis económica. Además, tenemos una generación perdida, que se acostumbró al choreo, al cirujeo, a no trabajar y a no tener horario. Se acostumbró a robar, lo cual es tremendo, porque es más arriesgado que el trabajo pero es otra manera de vivir. Y para cambiarles esa manera de vivir no sé cuánto vamos a tardar.

Es un momento en que la educación está como está, y ha llegado tan abajo que podríamos decir que no está, directamente. Que ni se les paga a los maestros, ni los maestros se pueden perfeccionar, han ido bajando de nivel y ya ni saben lo que enseñan. A su vez, ellos han sido víctimas de la mala educación anterior.

Todos los niveles de la sociedad bajaron de una manera espantosa, y a Brinzoni, el jefe del Ejército, no se le ocurre mejor idea que proponer volver a implantar la colimba. Y un montón de señoras bienintencionadas comentan por la televisión: "Eso va a venir bien, porque va a sacar delincuentes de las calles". ¿Por cuánto? ¿Por un año? Porque, que yo sepa, no se quedan ahí adentro, pupilos para siempre. Si esto se diera, como es normal y lógico, sólo un grupito de una clase va a entrar en la colimba, pero cuando salgan de la colimba volverán otra vez al choreo y al cirujeo porque seguirán sin tener laburo.

En este momento es tan evidente que en la República Argentina el problema es fundamentalmente social, porque el problema es ocupar a esa gente en las aulas, en las escuelas, en las fábricas, en las oficinas y en los trabajos y profesiones libres. Hay que volver a ocupar a la gente, para que la gente no esté en la calle. Justo en este momento, un montón de señoras y señores con un sorete atravesado en la cabeza están diciendo: "La colimba nos parece muy bien para la disciplina. Yo creo que va a sacar chicos de la calle".

No son todos los que piensan así, por supuesto; es apenas la mitad del pueblo. Digo yo, esa mitad del pueblo, ¿dónde vive?

Por eso, como son tan animales los que sufren los problemas de la crisis, ni saben cuál es la solución. Como en el caso de la gente que vive en un barrio pobre, que está harta de que la asalten y cree que la colimba es la gran solución. Siendo esto así, ¿qué se le puede pedir a un señor, que viene de esos mismos lugares, que logra acomodarse en un partido, y sube? Y cuando sube una de estas personas, toma decisiones políticas en un Concejo Deliberante, en una Legislatura provincial, en una Legislatura nacional, en la presidencia de la República o en la presidencia de la Corte Suprema de Justicia. De esa manera, cualquier cosa puede ocurrir.

Me parece que nuestro nivel general ha bajado tanto que es difícil establecer la esperanza. Muy difícil. Porque la gente que se rebela, o se rebela en forma violenta con viejos esquemas mentales de los años '70 —y otra vez la hoz y el martillo, el Che, Mao Tse Tung, la revolución, el trotskismo, otra vez eso—, o el incendio de gomas, o el corte de rutas, o la quema de banderas norteamericanas y el yanquis go home, o sino se queja de manera absolutamente reaccionaria: "Mano dura, que vuelvan los militares, que vuelva la colimba, que saquen a los cartoneros de la calle, que pase una topadora y se lleve a todos estos cirujas de mierda que están estropeando mi ciudad y yo tengo derecho a verla limpia. Mátenlos, no sé, no es cosa mía...".

Nos han llevado a una pobreza intelectual tan grande que a la mayoría no se le ocurren soluciones, salvo a algunos que sí se les ocurren —porque soluciones hay, por suerte las hay— como son los casos de los que hablamos en otra parte del libro de los que reabren fábricas, de los que arman granjas, etcétera. Todo eso está, gracias a Dios, pero todavía no tiene la fuerza que debería tener. Yo pensé que esta hambre, esta crisis, este horror de todo este año y pico nos iba a hacer madurar más rápido. Parece que no. Parece que el proceso de maduración es más lento. Claro, para que ese proceso llegue a buen término necesita tener un principio básico de educación, porque si en un momento tuviste una buena educación, hoy, que económicamente no tenés nada, esa educación te puede salvar. Oigo hablar a las personas que están en la comunidades, que forman grupos de trabajo con la gente y me doy cuenta de que son personas que recibieron una educación, que recibieron una filosofía de vida y son los que están tratando de salir a flote. Que a alguno le falta un diente porque no puede ir al dentista, que están empobrecidos físicamente pero que tienen en su cabeza una educación que todavía se daba en la República Argentina hace veinte o veinticinco años, a pesar de los militares, a pesar de las dictaduras, a pesar de todo.

No hay una calidad de ideas. A mí me asombra —y al mismo tiempo me produce más inquietud y más desazón en este momento— no tanto la situación actual, que se podría revertir, sino ver que no hay voluntades para revertirla de la manera correcta, y cualquiera que dice "Esto se arregla con trabajo y educación" es mirado como si fuera un Perogrullo, como si fuera un tarado, como una persona que propone medidas simpáticas, populistas, cuando "lo que hay que hacer acá no es populismo ni tampoco es simpático".

Cuando yo escucho eso, digo: ¿a qué se referirán? ¿Que no es simpático quiere decir que hay que matar a dos o tres millones de tipos? ¿O que los van a poner a trabajar en laburos infrahumanos al estilo Malasia, divididos en sultanatos? ¿Que nos van a dolarizar y vamos a ganar tres dólares por mes como en Ecuador? ¿O nos tenemos que convertir en un lugar como San Luis, en donde todos tenemos que ser de Rodríguez Saá o de Rodríguez Saá, porque si no sos de Rodríguez Saá mejor te vas? ¿Cómo es la cosa?

Las opciones que se dan, de un lado y del otro, no son tranquilizadoras. Y esto es lo que me tiene a mí mucho más bajoneado.

TODO ESTÁ TEÑIDO POR EL ACOMODO O LA CORRUPCIÓN

Hay algo que pertenece ya a otro país, a otra época. El hecho de que ellos, los que gobiernan, no se den cuenta de que se acabó la música y sigan bailando es como raro... Es raro. Da la sensación de que son autistas. Bailan, y la orquesta se fue. No es que la orquesta está y dejó de tocar. La orquesta se fue, el baile se cerró y ellos siguen moviéndose. Y lo peor, bailan suelto. Baila cada uno con su propia danza. ¿Cómo puede ser que no se han dado cuenta de que eso, que siempre estuvo mal, que si alguna vez el país aguantó que lo hicieran, hoy no lo aguanta más? ¿Quién puede demostrar, aunque presente facturas, que se gastaron en el Mundial de Voleibol cuarenta mil pesos en porristas? Nadie. Vos sabés que las porristas son chicas jóvenes, y acá la chica joven siempre es un elemento decorativo al que ningún funcionario se resiste. Pero de lo que no pueden convencernos es de que les hayan pagado. ¿Querés ser porrista? Vení, que te muestro la porra, aporreamos un rato y salís en todas las revistas del país. Y, como está la situación, digamos que por menos de un sánguche de mortadela una porrista firma contrato.

No está el mercado como para que, en porristas, se hayan gastado cuarenta mil pesos. Eso podría pasar en la época de la plata dulce o en la época del Mundial '78 o hasta en la época de Menem, en plena delicia turca. Pero, ahora, eso suena hasta irreal. Cuarenta mil pesos en porristas por un puto campeonato de vóley. Siempre está mal, pero, en este caso, el vóley no es pasión de multitudes para decir: "Mirá, pusimos toda la carne en el asador. Hay que apoyar al vóley. Mirá qué buen resultado da, el equipo juega fantástico". Pero ese equipo juega fantástico porque esos chicos se rompen el culo entrenando y porque laburan, laburan y laburan por vocación, porque no es un deporte comercialmente rentable para casi ninguno de ellos, porque todavía se enseña deporte como la gente, por sus profesores o por su tesón, no por las porristas. Hay varios delirios en esto. Uno, creer que estamos en los Estados Unidos, por lo de las porristas, que es un invento norteamericano que uno lo puede adoptar o no, y si genera laburo, me parece fenómeno, son chicas bailarinas que no tiene trabajo y pueden ir a porrear un poco y, de paso, son decorativas y se ganan un mango. Segundo, con porristas o sin porristas estos deportistas van a ganar igual, porque se entrenaron para eso, y gastar esa plata en un elemento decorativo en un país donde no hay plata para darle de comer a la gente, es un insulto.

Es llamativo cómo, en pleno naufragio, siguen bailando, cómo lo siguen haciendo en pleno horror. Porque ahora no es que hay que adivinarlo, no es que esto esté tapado por la pizza y el champán como en la década menemista, que esté tapado por Puerto Madero, los hoteles cinco estrellas, las autopistas brillantes y todo eso. No es que esté tapado por los shoppings, no es que esté tapado por el Hyatt, ni por los grandes negocios y el relumbrón y los argentinos llenando los aviones para ir a Miami a comprar boludeces. Ahora esto ocurre en este escenario, en este cuadro, y cuesta creerlo. Como en la Segunda Guerra Mundial, en las peores épocas, el contrabando hacía vivir de manera faraónica a alguna gente que contrabandeaba. Y es cierto que en plena guerra, de pronto, gente que estaba absolutamente al margen de la ley y de todo, aprovechando la confusión general se dedicó al contrabando en distintos países, tanto nazis como aliados, e hizo fortunas, viviendo con una ostentación enorme, comiendo cosas que no comían ni siquiera los generales, incluso viviendo mejor que la reina de Inglaterra, mejor que Hitler. Sólo ahí se puede justificar que, en una situación de extremo dramatismo, de tragedia tan tremenda como la guerra, en donde todos los valores se van a la mierda, donde no sabés si vas a estar vivo mañana, se produzca esta especie de enloquecimiento y de decir: "Bueno, yo me encierro, yo vivo de la droga, de las joyas, de lo que puedo contrabandear. Y como no sé cuánto voy a durar, vengan mujeres, vengan hombres, hagamos orgías". Es más justificable que todo eso pase allí, que lo que pasa en este horror en el que estamos viviendo.

En general, la defensa de la gente involucrada en este tipo de cosas es: "¿Por qué no dijeron nada cuando Alderete...? ¿Y por qué no dijeron nada cuando este otro...? ¿Y por qué éste salió en libertad...? ¿Y por qué Grosso está afuera? ¿Y por qué ahora Manzano se compra un canal de televisión, y a él no le dijeron nada, y a mí por estas pocas lucas me están haciendo lío?". Nunca es: "Yo soy inocente, yo no gasté esa plata". Nunca es: "Había que gastar esa plata porque era necesario".

Se llega a ese grado de desvergüenza porque una cosa tapa a la otra. En la televisión es lo mismo. Si muestran a alguien cagando, y dicen "Esto es una vergüenza", le responden "¿Usted no vio tal o cual cosa, cuando...?". Siempre nivelamos para abajo. Y es de terror.

No tienen miedo a nada, han perdido totalmente el pudor. Parece que cuando hay tanto crimen, el crimen tapa el crimen. Y cuando hay tanta corrupción, la corrupción tapa la corrupción.

EL EQUILIBRO, UN LUGAR DIFÍCIL

Siempre hay un punto equidistante entre los extremos que se muestran como opciones. Lo que pasa es que no lo quieren tomar, porque hay una crisis de equilibrio. Las posiciones progresistas y equilibradas pasaron de moda en el mundo, pero yo creo que siguen estando y es la gente la que no aprende a volver al equilibrio hasta que no lo rompe. Hasta que no lo rompe definitivamente, y paga por haberlo roto. Y paga todo el mundo, no tres o cuatro. Ahí es cuando la gente vuelve al equilibrio.

El equilibrio vino a Europa después de la Segunda Guerra Mundial. Un cierto equilibrio, ya que el equilibrio real nunca existe. Digamos, un equilibrio entre una posición y la otra. Todas las democracias, las socialdemocracias, que salieron después de la guerra y que funcionan desde el '47 o '50 hasta el setenta y pico, que conformaron treinta años de cierto equilibrio y de posibilidad de coexistencia pacífica, vienen después del horror. Y creo que el horror que tenemos diseminado en todas partes del mundo no ha explotado todavía. Son momentos previos, son señales, signos del horror que no han explotado de manera total. Las actitudes actuales son, por lo tanto, todas extremas. Bush quiere guerra, por el petróleo o por lo que sea, y no le importan las consecuencias. Él quiere guerra. Por el otro lado tampoco son muy coherentes Bin Laden o Saddam Hussein. Está bien, en este momento Hussein no es el que ataca, pero todos sabemos cómo piensa y lo que ha hecho con su mundo y con su bloque.

Creo que hoy nos están dominando los fundamentalismos extremistas. La Argentina no es una excepción.

Por lo tanto, no hay equilibrio. No queda bien ser

equilibrado, no es demasiado simpático ni demasiado populista ser equilibrado. Equilibrar significa decir dónde está el problema, y el problema es humano, social. Y no poner el énfasis en lo social, y sí ponerlo en lo económico y en el poderío financiero, conduce a estos extremos. Porque, o se está con ellos o se está en contra de ellos. En cualquiera de los dos lados.

Vos no podés estar en una posición intermedia diciendo: "No, pero sí se puede de otra manera...". Vos tenés que estar quemando gomas en una ruta o quemando la bandera norteamericana y pegándole a toda la gente por fachos, o si no, tenés que estar del otro lado fumigando a cartoneros, que los saquen a patadas en el culo, que vuelva la colimba, que vuelvan los militares, diciendo que estaban muy bien Videla y Galtieri y qué sé yo... Otro extremo es el monetarismo total y absoluto, la cosa mesiánica, fundamentalista en lo económico, o si no el fundamentalismo "populista" de Rodríguez Saá que quiere captar algunas cosas del otro sector. Por otro lado, están las posibilidades del ARI, pero esas posibilidades se van achicando en la medida en que la gente los compara con la Alianza, porque no tienen una actitud clara de diferenciarse de la Alianza, con propuestas más concretas y más coherentes. Es más, hay un intento de llamar a Chacho Alvarez cuando la señora Carrió dice: "Yo fui la primera en criticarlo, por lo tanto puedo ser la primera en llamarlo". Tiene todo el derecho del mundo en hacerlo, pero no se entiende como signo político. Creo que, en ese aspecto, Chacho Alvarez ha tenido una actitud bastante buena, y se calla la boca y no dice ni media palabra, ni a eso, ni a los escraches que le hacen en la casa. Terminó. Hizo lo que tenía que hacer, hizo lo que no tenía que hacer —nunca se supo bien—, y se fue a la mierda.

Las teorías pueden ir y volver, pero los hombres tienen un solo camino. En los Estados Unidos los republicanos son los republicanos, en Inglaterra los conservadores son los conservadores, pero no vuelve Thatcher ni vuelve Reagan. Una porque no quiere, el otro porque no puede. Pero no vuelven. Vuelve otro, porque hay una cuestión de estabilidad política que hace que una administración republicana va a ir para un lado como lo hace Bush: la guerra y la exaltación de los valores patrióticos. La programática demócrata va a ir por el lado de Carter, Premio Nobel de la Paz, o Clinton, que mejoró mucho la vida de la clase media baja. Todo lo que ocurre en esos lugares es esperable, aunque siempre hay aggiornamiento y sus teorías, en la implementación, se van adaptando a las épocas. El Partido Socialista Obrero Español no se comportó exactamente como el de la época de Franco, siguió la teoría pero aggiornada. Es decir, mantuvo la identidad y la coherencia en un contexto nuevo. En la Argentina, los políticos van y vienen por diferentes corrientes, y nunca quieren bajarse del tren de la política.

No quieren entender que la política es un pasaje de ida solamente, y muchos siguen creyendo que es un pasaje de ida y vuelta. Sobre todo acá, en la República Argentina.

CAPÍTULO 6

Ellos generalizan, nosotros no podemos

QUE SE VAYAN TODOS

Se entendió por qué la gente dijo "Que se vayan todos". Eso está claro. Lo que la gente dice, en principio, es que está harta de una clase dirigente que no sólo no arregla los problemas sino que agrava los que hay y agrega nuevos.

Lo dice de la clase dirigente en general, y la gente tiene todo el derecho del mundo a generalizar porque, cuando ellos hacen una ley, también generalizan. Cuando a mí me hacen una ley que me caga, me revienta, cuando un irresponsable como Cavallo pone el corralito, o me ponen la pesificación en el caso de Duhalde, ellos lo hacen decretando y generalizando. No saben si la plata que yo tengo en el banco era robada, o la conseguí por trata de blancas, o por prostitución infantil, o por contrabando, o fue ganada por trabajo honrado. No les importa. La plata estaba puesta ahí y ¡zas! cayó la guillotina para todo el mundo.

De la misma manera, el pueblo, como devolviendo la pelota, tiene todo el derecho del mundo a generalizar. Es por esto que ellos se rasgan las vestiduras y son patéticos ante la desgracia, el naufragio, el hambre, el cólera, la desnutrición, cuando un montón de dirigentes, imbéciles redomados y tarados, dicen "No generalicen. Yo, una vez, estuve en una comisión que trabajó en favor de los desnutridos y conseguimos abrir cinco comedores infantiles...", algo que resulta ser un balde en el océano.

¿Cómo que no generalicen? Yo generalizo, porque vos, en tu puesto ejecutivo, generalizás cada vez que hacés una ley que manda a la lona a tres, cuatro, cinco millones de personas sin distinción de raza, credo o religión.

El pueblo tiene esa generalización de la clase política porque recibe la generalización de la mala medida, que influye directamente en su bolsillo, en su seguridad, en su salud, en su estabilidad, en su higiene, en sus posibilidades futuras, en todo. La gente tiene todo el derecho del mundo de decir que se vaya toda esa clase política sin discriminar quién es mejor, quién es peor, o quién, en realidad, no hizo tanto desastre.

CANSANCIO MORAL:
¡EN LA CORTE HAY SENTIMIENTOS!

Yo todavía no entiendo el cansancio emotivo que puso como argumento de su renuncia Gustavo Bossert, el juez de la Corte Suprema. Estaba fatigado emocionalmente por las cosas terribles que tuvo que oír acerca de la Justicia y de la actuación de la Corte.

Yo quedo con la boca abierta cuando habla de cansancio moral gente que integró esta Corte Suprema que sabía, desde el vamos, que iba a ser objetada porque era una corte hecha entre gallos y medianoche, en donde se agregaron varios miembros más. Antes de cansarte moralmente, antes de que te fatigues —como método preventivo a la fatiga, digamos— tendrías que haber dicho: "Yo, en ésta, no entro porque me fatigo mucho".

Si a mí me ofrecen bajar por la ladera de un monte escarpado, lleno de nieve, como en mi puta vida me calcé un esquí, digo: "Por prescripción médica, por mi integridad física, no lo voy a hacer". Si alguna vez me hubieran ofrecido hacer pasar un cargamento de armas o de drogas por la frontera del Paraguay, de sólo pensar en esa posibilidad puedo tener una diarrea que me puede llegar a durar quince años, más o menos, del miedo o del susto a que me descubran. He comprendido, muy tempranamente en mi vida, que no pertenezco al sindicato de los esquiadores ni al sindicato de los contrabandistas. Por eso, cuando oigo hablar algo que se parezca al alpinismo, como el Tren de las Nubes, por ejemplo —que no es alpinismo pero uno se caga de estar ahí arriba—, o cuando oigo algo parecido a contrabando, se me paran los pelos del culo y digo: "No me voy a atrever". Ni siquiera me planteo si me gustaría o no me gustaría, o que estarían muy bien diez millones de dólares en la cuenta del banco. Ni me lo pongo a pensar, directamente. Porque el médico me lo prohibió y yo me lo prohibí.

Cómo puede ser que un juez, que se dedicó toda la vida a la Justicia, que es probo y que tiene un buen historial, pueda continuar en esa Corte Suprema, y sólo se fatiga cuando escucha la repulsa popular causada por un montón de fallos dudosos. Entonces dice: "Me voy, porque, la verdad, lo que han dicho de nosotros es terrible. Porque me incluyeron a mí, no discriminaron, no supieron que yo nunca hice ninguna cosa incorrecta, y que yo fui una voz disidente, y que yo papapá, papapá...". Fuiste una voz disidente desde adentro, no pudiste desmontar el aparato de corrupción desde adentro, no pudiste enmendar los errores desde adentro.

Por lo tanto, porque se supone que tenías una ética profesional y no debías haber hecho lo que hiciste, nombrar las palabras cansancio o fatiga moral, cuando esa Corte ha dado una serie de fallos que han llevado a la lona, a la ruina y a la cárcel a mucha gente, suena como a disparate.

Cuando se generaliza todo, es peligroso, pero cuando se empieza a querer discriminar, en los momentos de naufragio, quién fue el mejor pasajero, quién, en realidad, cuidó más el barco o quién observó todas las reglas de higiene, es un disparate. No se puede discriminar eso. Hay que salvar a toda la gente, sí o sí, con las prioridades de que primero se salva a los pasajeros y después a los tripulantes —no los tripulantes y después los pasajeros—. Y no tendría que haber primera ni segunda ni tercera clase, sino que toda la gente vale igual. En un momento de naufragio, en un momento de caos tan grande, que la gente opte por decir que se vayan todos, en forma generalizada, no implica lo que muchos políticos, con aviesa intención, quieren endilgarle al pueblo: una posición fascista de que se vaya todo el mundo así el poder queda en manos de nadie. Pero, desgraciadamente, si se produjera literalmente la ida de todos estaríamos ante un vacío de poder. Por supuesto, toda la gente que propone eso dice: "No, no, no, ese vacío sería llenado por quienes tienen poder, etcétera, etcétera...". Pero los otros aprovechan para presentar esta opción como un disparate. El gran pensador riojano dijo: "Que se vaian todos, dijeron, y quedó Mussolini. Que se vaian todos, dijeron, y quedó Hitler". De pronto le vino el ala izquierda del águila, le empezó a batir esa ala —casi nunca le bate— y entonces se hizo el antifascista y gritó: "Cuidado, que puede venir Hitler". Es cierto que hay un Adolfo en San Luis, pero lo dijo por el otro y no por éste.

Para no dar pie a esas lucubraciones es que yo, si bien adherí de entrada al que se vayan todos, después lo repensé y dije: "No, mejor que devuelvan la plata. Por que si se van, la plata no la vemos más, definitivamente. Mientras que si están a tiro, en algunos cargos, tal vez podamos conseguir algo de lo que nos quitaron. Si se van todos, no devuelven más la guita".

Es por eso que comencé a pensar que no era del todo correcto pedir que se vayan todos. Que se queden, a pesar de que algunos sientan cansancio moral, y que devuelvan lo que nos pertenece. No sólo la guita del corralito, sino la salud, la seguridad social, la educación y el trabajo.

UNA INTERNA QUE NOS TOCA A TODOS

Hay veces en que lamento mucho que este libro se vaya a editar, porque todo es viejo al segundo día de que pasó. Si bien hay constantes, muchas cosas cambian vertiginosamente. Un día uno tiene resuelto en su pobre cabeza: "Bueno, habrá que aguantar a Menem otra vez". Me sentía resignado; mal, pero resignado. Luego, de pronto, parece que no es tan así, porque aparecen tormentas electorales que cambian el rumbo y Menem puede quedar atrás. Puede llegar a ganar las elecciones el Partido Ecológico de Villa Ojete. Tampoco nunca se sabe con certeza si va a haber internas, si va a haber elecciones, si son en tal o cual fecha, si el presidente que tenemos se va en mayo o no se va.

A mí me sorprenden siempre en mi buena fe —que a esta altura mi buena fe se parece a la estupidez—, porque un día Duhalde dice que va a estar hasta el 25 de mayo y ni un día más, me pregunto: "Pero, ¿y hasta cuándo te querías quedar?", porque eso se descontaba. Yo creía que si había algo que aclarar era si se iba antes del 25 de mayo, que es el día anunciado para la asunción del nuevo presidente. Nunca pensé que necesitaba una aclaración de este presidente provisional que iría a quedarse hasta el día en que dijo que se iba a quedar. Suponía que eso estaba absolutamente aclarado.

Esto es otra vez el "vamos viendo" que yo vengo escuchando desde que asumió el 2 de enero de 2002. Lo más terrible es cuando uno escucha a los voceros, los portavoces o los colaboradores del gobierno cómo niegan sistemáticamente todo lo que Duhalde dice. De la misma manera en que los colaboradores de Menem y los colaboradores de Alfonsín y los colaboradores de De la

Rúa, unos más que otros, han negado terminantemente lo que cada uno de estos presidentes acababa de decir en un discurso —generalmente en un discurso en un asado, probablemente en la Asociación Pro Madres Solteras de Croacia, siempre lugares secundarios, tipo reuniones sociales en donde el presidente largaba una bomba— y, como no estaba en la Cámara de Diputados ni de Senadores ni en el gabinete, se mandaba una de las suyas. Y, entonces, tenían que salir los voceros a aclarar: "No dijo eso, no dijo eso...". Y acá es la misma historia. Estoy escuchando a un montón de voceros o integrantes del gobierno, diciendo: "No dijo eso". Y dijo eso. Dijo que se va a ir el 25 de mayo, pero no descarta la posibilidad de que se vaya antes, y que las elecciones van a tener que hacerse de esta manera y de ninguna otra, que las internas están muy complicadas, que no va a aceptar presiones.

Ahí está mezclando lo que le corresponde a él como integrante del Partido Justicialista y de la interna justicialista con lo que le corresponde como presidente de la nación argentina —presidente provisional— en un estado de desesperación total y absoluta, después de la renuncia de Rodríguez Saá, salido entre gallos y medianoche de una Asamblea Legislativa, en plena crisis del país, con la gente en las calles, las cacerolas y los muertos. Daría la sensación de que este señor no se da cuenta de que él es un presidente elegido azarosamente, en circunstancias azarosas y más que difíciles, inéditamente difíciles, que no lo votó la ciudadanía sino una asamblea del Congreso. Estamos ahora, todo el país, en la interna justicialista, que corresponde al 40% de la ciudadanía, mientras que el otro 60% se hace la puñeta mirando cómo esta gente decide quién va a dirigirlo. Porque ellos descartan que los radicales no tienen chance y el ARI —también para ellos— tampoco.

Estamos ahora, incómodamente sentados, viendo cómo esta gente se pelea por la interna, y el presidente de la República, que da la casualidad es justicialista y es uno de los polos de la gran pelea que hay ahí adentro, está supeditando las elecciones al problema interno. Si bien antes lo hacían, lo hacían en forma embozada, pero ahora estoy aterrado viendo cómo se están peleando por una cuestión interna que se ha convertido en un problema nacional.

Esto, a mí, me deja sin habla. Y para dejarme sin habla, la cosa tiene que ser muy grave. Estoy absolutamente alelado. Los oigo hablar y no llego al meollo de la cuestión. ¿Cuál es el problema? ¿Por qué mierda no hacen las internas para el justicialismo? ¿Porque saben que va a ganar Menem? ¿Y por qué va a ganar Menem? ¿Eso está descontado? Si votan todos los afiliados, a lo mejor no gana. En las elecciones limpias uno no sabe quién va a ganar; eso se sabe en las elecciones espurias.

Si uno va a ponerse en la "legalidad" (así, entre comillas, porque en la República Argentina casi todo va entre comillas), tiene razón Menem porque es una elección que siempre se hizo internamente. El afiliado vota, y ya está. La polarización sería entonces entre la señora Carrió, por ejemplo y si se presenta con el ARI, y el señor Carlos Menem, si la gana. Que la interna la gane Menem si votan sólo los afiliados es una gran posibilidad. Después, en las elecciones nacionales, el pueblo verá por quién se decide. Si se decide por el ARI o se decide por Menem. Aunque hoy en día no podemos hablar de partidos: es por la Carrió, porque el ARI no se sabe qué es, o por Menem, porque tampoco se sabe qué es el Partido Justicialista en la actualidad. Uno porque es una agrupación que recién se forma, y el otro porque es algo que ya se deformó.

Se sabe perfectamente que todo lo que tenga que ver con radical, Frepaso, liberal, Partido Verde o Humanista está metido en una bolsa de nada, y la única que puede dar una pequeña batallita con representantes es la izquierda. Pero Zamora ya se abrió de la cuestión electoral y la izquierda está dividida, y aquella que quiere meterse en el sistema y tener representantes en las cámaras para poder influenciar a favor o en contra de las decisiones no lo tiene a Zamora, que prefiere potenciar el voto en contra, el famoso voto bronca. El voto bronca que es no votar a nadie, porque hay que votar en blanco o impugnado, a pesar de lo cual alguien va a tener que subir y hará lo que se le cante. "Pero no tiene el mismo apoyo una persona que tiene el 40% de votos en blanco...", dicen. Es cierto, pero gobernará igual. Y, en el momento de decir "Me eligió la mayoría", la mayoría no importa cuánto sea, es la mayoría de la gente que votó por alguien, que es el sistema norteamericano, con el agregado de que el voto no es obligatorio. Allí vota el 30% de la población, y el 70%, al no ir, da la conformidad.

Y acá, como estos señores toman lo que les conviene de cada lugar, pueden decir: "Este 40% de votos en blanco no significa que no me quieren a mí. Significa que no quieren a nadie. Al país, alguien lo tiene que gobernar. Hay un 60% de gente que quiere que lo gobierne alguien; de ese 60%, el 35% me eligió a mí. Y bueno, gané yo". Ésas son las ecuaciones democráticas, y allá van.

EN ESTE PAÍS TODO ES PROVISORIO

No sé hasta qué punto es importante enzarzarse en estas explicaciones sobre la legitimidad de las internas abiertas o cerradas si, finalmente, lo que tenga que ser, será. Porque, si después se impugnan las elecciones, el país no va a terminar nunca de insertarse, no en el Primer Mundo ni en el segundo ni en el tercero, sino en algún lado. Porque este país es tan provisorio, provisorio, provisorio, y siempre hay que esperar: "Estuvo Rodríguez Saá, pero estuvo una semana. Esperá un poco, ahora viene el otro. El otro está, pero no sabe si se va a quedar. Termina el 30 de marzo, dejemos todo hasta esa fecha". Ahora es: "No, las elecciones del 30 de marzo van a ser impugnadas, así que no sabemos nada por lo menos hasta seis o siete meses...". ¡Yo no sé qué vamos a hacer! Creo que, a esta altura de la vida, tampoco podemos estar dos años sin que el país funcione. Dos años en suspenso, dos años sin saber quién nos gobierna. Aunque sea, para saber a favor o en contra de quién tenés que estar, en todo caso. Porque, si vos tenés que hacer un reclamo, le tenés que hacer ese reclamo a un gobierno que exista, no a un gobierno que te diga: "Mirá, yo estoy dos minutos, nada más. A mí no me preguntes nada, porque si quiero resolver tu problema, con la burocracia que hay en este país, cuando entre en la cámara ya no va a estar esa misma cámara, y yo tampoco". Tienen una excusa más para no hacer las cosas; si no las hacen cuando son elegidos por el pueblo y tienen cuatro años por delante, imaginate cuando dicen: "Mirá, yo no sé cuánto voy a estar. No tiene sentido que empiece una cosa que no voy a poder terminar".

Esto ocurre en un momento en que la gente tiene las

necesidades básicas sin satisfacer, y estos tipos están hablando estupideces. Necesidades que tiene el pueblo argentino que no son inventadas ni son las viejas frases de los políticos de oposición que siempre dijeron: "Porque las necesidades del pueblo...". Ahora son realmente acuciantes, visibles, no se pueden ocultar. Sin embargo, ante un pueblo al que lo único que le interesa es volver a recuperar un trabajo, que lo único que le interesa es volver a comer todos los días una dieta normal y sana, que lo único que le interesa es dejar de revolver un tacho de basura para ver si puede encontrar un alimento, esos tipos están diciendo: "Las internas tendrían que ser abiertas, tendrían que ser cerradas, tiene que votar todo el mundo...".

Si vamos al caso, legalmente tiene razón Menem, como decía antes, porque es una elección interna del Partido Justicialista. Por otro lado, lo que propone Duhalde es coherente: como el Partido Justicialista va a gobernar al país y es uno de los que tiene más posibilidades, es lógico que todo el resto del país diga qué justicialista le gusta más. Porque una cosa es Kirchner, otra cosa es De la Sota, otra cosa es Reutemann, otra cosa es Menem y otra cosa es Rodríguez Saá.

Es cierto que para algunos, como Zamora, ese problema no existe. Para Zamora es todo lo mismo, y técnicamente, tiene razón. Es todo lo mismo, eso es cierto, pero con matices, bastante diferentes. Ninguno de ellos va a hacer cooperativas obreras, ninguno de ellos va a hacer una reforma agraria, ninguno va a decir: "Señores, al Fondo no se le paga", esto hecho como corresponde, no con el pseudo *default* que hizo Rodríguez Saá, que en realidad fue: "Pará un poco, que no tengo nada". Zamora, como de costumbre, puede tener razón filosóficamente. Lo que pasa es que a todos, o a una gran parte del pueblo argentino, nos viene la inquietud de cómo se viabiliza eso sin que se produzca un desmadre, un desastre, un horror, un bloqueo, una guerra civil o una intervención militar, cosas que yo, personalmente, no tengo ganas de que vengan. Mal por mal, prefiero este mal, y colaborar todo lo que pueda con la gente sana e importante que hay en el país para mejorar los niveles de vida, para apuntalar a la gente que está en la lona, para estimular a la gente que toma fábricas y las reabre en forma de cooperativas, para que la gente vaya sacando agua de las piedras y se pueda reconstruir el aparato productivo. Yo prefiero eso a una negación total del sistema y decir: "Son todos una mierda, que se vayan todos".

NECESITAMOS UN SANEAMIENTO POLÍTICO

Si ocurre que triunfa el "que se vayan todos", ¿quién va a elegir? Con todo el respeto que le puedo tener a la gente decente, a la gente que no ha estado en ninguna agachada como es el caso de Zamora —que no coincido con parte de su ideología, pero lo respeto porque no ha hocicado—, me pregunto: ¿vuelven a tener otra vez la idea equivocada de quién es el pueblo argentino? ¿Vuelven otra vez a decir que una gran mayoría de la gente está de acuerdo en jugarse por el sistema que proponen? ¿Una gran mayoría —digamos el 70% del pueblo— quiere esa forma de gobierno? Yo creo que no. Yo creo que no conocen al pueblo, y a pesar de que hablan con la gente, lo hacen con la gente necesitada, con la gente que está desesperada por el hambre, con la gente que está absolutamente desengañada de que todo el mundo le prometió cosas y se le inunda la casilla. Ellos tienen un contacto con esa gente, pero el olfato de los que estamos en contacto con esa misma gente sin hacer proselitismo ni campaña política nos dice que ese acercamiento grande que tienen no les deja ver la generalidad del pueblo y ciertas actitudes de la misma gente que a vos, Zamora, te dice una cosa, después, en la soledad de su cuarto, no se atreve a cambiar y va a votar por la solución facilista que le puede ofrecer un partido como el Justicialista, por ejemplo.

Esta manera de escuchar a la gente que yo tengo, a diferencia de Zamora, es porque, desde que era chico, vengo escuchando que el país está listo para la revolución social, y nunca lo estuvo. Sé, perfectamente, que ahora estamos en un estado de pobreza, indefensión, injusticia y bronca que es un caldo de cultivo mucho mayor para cualquier tipo de estallido social, popular, como había en el año '61 o '62. Pero los escuché hablar en el '61 y '62 de la misma manera en que Zamora habla ahora. Desde esa época, con un montón de argumentos que ahora no tengo —porque tengo otros—, veo que la gente se copa con otra cosa, no con la idea que ellos tienen de esa izquierda absolutamente radical. Creo que nuestro pueblo, a pesar del hambre, a pesar de las ruinas, todavía no es radical —radical, en el verdadero sentido de la palabra—. No va a soluciones radicales. Todavía nuestro pueblo no quiere soluciones radicales. Tiene la sensación de que se puede arreglar de otra manera. Tiene la sensación de que no hay por qué enfrentarse tan dramática y violentamente con el poder. La lectura es incorrecta porque si bien hay un grupo que sí quiere ese enfrentamiento, no es mayoría. Y sin mayoría no se puede hacer nada, ni acá ni en ningún lado. A menos que sea por la fuerza brutal de una dictadura, algo que sería como echar nafta al incendio. Esto, dicho con todo el respeto que me merecen todas las posiciones de la gente honesta que ha pensado siempre en el bien de los demás y no en el mal. La posición de Zamora parte de que él realmente quiere que la gente esté mejor y yo, me animo a decirlo, tengo la absoluta seguridad de sus buenas intenciones. Pero me parece que no es viable. Y no es viable no porque las fuerzas vayan a trabajar en contra y vayan a matarlos —dos cosas que son también ciertas, pero sería el momento de decir "Tengamos coraje, y hagámoslo"—, sino que la inmensa mayoría, aun muchos de los que están cartoneando, no tienen ese deseo ni ese coraje. Algunos lo tienen de la boca para afuera, pero en el momento de hacerlo, me parece que no van a adherir a una cosa como ésa. Y sería tremendo.

Las soluciones tienen que pasar por otro lado, como sería el saneamiento de la política. Lo que pasa es que hoy te estrellás contra la pared de la Justicia, te estrellás contra la pared de gente que, aparentemente, ha cometido cientos de ilícitos y está libre. Y no sólo libre, sino siendo candidata. En este caso, Zamora, con todo el derecho del mundo, podría decir: "Oíme, vos decís que yo soy idealista y romántico. ¿Y vos qué sos? ¿Boludo? ¿Vos querés que el sistema se vaya depurando con esta gente? Es imposible. Esta gente jamás va a depurar el sistema porque no le conviene. Van a defender siempre esto".

Yo ya estoy a una altura en la que me siento tan desorientado y tan contra la pared que digo: "No, pero a lo mejor, si no se derrama más sangre, a lo mejor, si no se producen más enfrentamientos, a lo mejor, si podemos aquietar las aguas y poner en funcionamiento el aparato productivo del país sin que esto implique desaparición de los lobbies pero sí pérdidas económicas fuertes para ellos, tal vez la salida está en una solución intermedia que evite el derramamiento de sangre, el regreso de la represión peor aún de la que hay, mucho peor porque siempre puede ser mucho peor el aparato represivo, para que no desaparezca otra generación, para que no se torture a otra generación, que no se sume esa tortura a la tortura del hambre y la falta de trabajo. Si aparece una solución intermedia que vaya arreglando los problemas sin necesidad de llegar a la cosa de meter preso a fulano y a mengano —gente que, al final, no va a ir presa nunca, y si se la juzga es porque se comprobó que adulteró un concurso de chapitas de Coca-Cola, y será condenada a un año de prisión en suspenso—, esa solución intermedia puede ser el inicio que nos podrá sacar del marasmo en unos años...".

Es un laberinto tan grande el que hay en este momento que yo temo que salga el libro, porque todo esto que uno dice, de pronto, o puede carecer de sentido, o puede tomar un verdadero sentido.

LA LUCHA DE POBRES CONTRA POBRES

Acá y ahora, hay confusiones graves. Recuerdo que murió una mujer porque un piquete en una ruta de Tartagal no dejó pasar la ambulancia que la llevaba. Luego de ese hecho, siguieron cortando la ruta y diciendo que ellos no tenían la culpa, que la culpa estaba en el conflicto social. Y, además, que igualmente no iban a dejar pasar a nadie. ¿Cómo a nadie? ¿Por qué? ¿A lo mejor en las ambulancias puede ir algo que no sea un enfermo? Por otro lado, ¿cuántas ambulancias podrán pasar por ese lugar? ¿Cuatro, cinco?
Los piqueteros no están ahí para que no pase nadie, no son una policía de frontera. Está bien que la razón del piquete es producir una reacción, hacerse notar para que les den bola a sus reclamos, pero no matando gente. Porque, si siguen haciendo eso, indiscriminadamente, y no dejan pasar ambulancias, los enfermos se seguirán muriendo allí, frente a la ruta cortada.
Supongamos que aquella mujer no se haya muerto por eso, supongamos que ya estaba muerta cuando llegó la ambulancia frente al piquete, pero el hecho objetivo es que no la dejaron pasar. Puede ser que la noticia haya estado manipulada para echarles mierda a ellos. Puede ser, hasta ahí pueden tener razón. Pero no la dejaron pasar.
¿Hasta dónde seguiremos con esto? Así como Carrasco implicó el fin del servicio militar obligatorio, creo que esa señora muerta, si bien no irá a implicar, en el futuro, el fin de piquete, debería implicar la racionalización de la protesta. Para que esa protesta no lleve a extremos tan peligrosos y tan terribles como cagar de hambre a un pueblo. Para que ese pueblo hambriento no se

convierta en un verdugo de otra gente que no tiene nada que ver con lo que le pasa. Y que esto no termine convirtiéndose en una lucha de pobres contra pobres, pobres contra enfermos o pobres contra viejos.

Todo esto es algo que no tiene gollete.

ESTAMOS VACÍOS DE IDEOLOGÍA

Estamos en una espiral que alguien la tiene que parar. La tiene que parar la clase política con otra actitud. Mientras todo esto ocurre, ellos están peleándose por internas abiertas o internas cerradas. ¿Tanto miedo tiene Menem de que el resto de la gente le vote en contra? ¿El águila riojana no sabe que, con las mismas ganas con que van a votar los que no quieren que sea presidente, van a ir a votar los que quieren que vuelva a ser presidente y no son afiliados? Pueden ser miles, seguramente. Y si la batalla se traduce así, la gente que lo defiende lo va a tomar todavía con más mística que la gente que lo ataca. Porque la gente que lo defiende, en la mitad de los casos lo defiende por cuestiones concretas. Porque les conviene cierto tipo de cosas, o porque les convino en otra época. Esa gente que defiende dinero, bolsillo, concepto de vida que le permita especular, etcétera, etcétera, esa gente va a votar sobre brasas de volcán. Es la gente que vota en los Estados Unidos. El 30% que vota son los que tienen mucho interés en que Bush esté arriba en el poder, o son los que tienen mucho interés en que no esté. Los otros, a los que les da igual, son el 70% que no vota. "Ma' sí, andá a cagar". Y aquí es lo mismo. Él, como buen político viejo, debería saber que, para ponerle la tapa a Duhalde, lo que tendría que hacer es: "Sí, nene, internas abiertas. Que venga todo el mundo, que yo soy imbatible". Si Menem piensa que no es imbatible quiere decir que piensa que no cuenta con el apoyo masivo de la gente como en todos los discursos lo cacarea. Él dice que sí, que lo apoyan, porque la gente no es tonta, que no come vidrio, y aun los que no sean peronistas saben lo bueno que era tener crédito, lo bueno que era poder hacer lo que se te daba la gana con tu plata, lo bueno que era poner la plata en el banco y que no te la secuestraran. Y que, cuando él estaba, no pasaba nada de lo que pasa hoy.

¿Por qué tiene tanto miedo? Seguramente lo van a votar en la misma proporción de gente que lo votará en las nacionales. ¿Por qué hace esto? Para no dar el brazo a torcer frente a Duhalde. No creo que ni siquiera sea porque en la cabeza de Menem existe la idea del fracaso. Creo que ya está loco de internación y está convencido de que va a triunfar.

En última instancia, esto nos pone en evidencia de lo desnudas que están nuestras políticas de verdadera ideología. Verdadera ideología. Antes, el peronista tenía la ideología peronista, y la defendía con todo lo malo, bueno, regular o peor que podía tener. A pesar de todo lo malo, del mal material humano que hubiera en sus filas, vimos que hasta la última interna Cafiero-Menem, ganó Menem y Cafiero se metió la lengua en el culo, y no habló más mal de Menem, salvo en momentos muy culminantes en donde la cosa se venía abajo y Cafiero no tuvo más remedio que salir y decir, con su natural parsimonia: "Bueno...", con esos puntos suspensivos de Cafiero que habla más con los ojos que con la boca, mirando para arriba y alzando las cejas. Pero nunca fue una actitud de confrontación brutal.

En esto había una disciplina partidaria, tanto en el radicalismo como en el peronismo, y en las otras fracciones también. Ahora estamos vacíos de ideología. Ahora es una pugna de poder entre caudillos. Estamos retrocediendo en la política argentina a pasos agigantados. Y esto pone en evidencia que no tienen grandeza, que no tienen unidad de partido, que no tienen unidad doctrinaria, que les importa un carajo todo y que da lo mismo cualquier nombre. Porque si vos, como justicialista, tenés en tus filas a los Alsogaray, como Menem, y vos, como justicialista, tenés en tus filas según como venga el viento a Rico y a Patti, como Rodríguez Saá, te das cuenta de que está en el partido gente que no tiene que ver con la programática básica del justicialismo. No estoy hablando del peronismo de Perón del '46, estoy hablando de una idea más global, de la justicia social, etcétera. ¿Qué tiene que ver Alsogaray, qué tiene que ver Rico con esto? Sin embargo, están. Porque da lo mismo. Da igual.

Y esto nos muestra al desnudo que un país que no tiene estructuras políticas con una ideología clara no puede aspirar a estar insertado ni en el Primer Mundo ni en ningún mundo. Porque la ideología demócrata y la ideología republicana en los Estados Unidos se diferencian, son matices muy distintos del capitalismo. Se diferencian sus logros y también sus errores. Se nota claramente. Es lógico que haya gente que apoye a un partido o apoye a otro, porque apoyás una manera de país, que no son opuestas, son complementarias. Como acá, en algún momento, pudo haber sido representado por el radicalismo, el peronismo, el conservadurismo y el socialismo. Pero, evidentemente, la lucha partidaria ahora está teñida por una lucha de caudillos, espuria, desagradable, casi de barrios o zonas, que me parece atroz. Y me parece atroz por el futuro político. Esto que sucede con las internas lo pone en evidencia: acá no importa nada. Mientras una fracción tiene miedo a que voten todos, la otra hace algo que nunca se vio: que voten los que no son del partido. "Si la interna es peronista, ¿por qué tiene que votar uno que no es peronista? ¿Por qué tiene que meterse la gente de afuera?". "Es que la gente de afuera no es gente de afuera. La gente de afuera es la gente a la que va a dominar el señor que suba, sea quien sea. Esta gente tiene derecho, como argentina, de decidir." "Bueno, ya va a tener derecho en las urnas. La gente que lo deteste a Menem, no lo va a votar, se supone." La gente que lo detesta va a ir a votar en las internas para decir: "Lo detesto". ¿Y que gane quién? ¿Que gane Kirchner, que gane De la Sota, que gane el candidato que ponga Duhalde?

Esto es muy tremendo. Cuando en las discusiones ves que todo el mundo esgrime razones "correctas", y que todo el mundo las esgrime para enmascarar lo incorrecto que está debajo de una de esas razones, te das cuenta de que es al pedo la discusión. Es una discusión ociosa. Es lo que llamo una discusión bizantina. Menem tiene razón: tienen que votar los peronistas. Duhalde tiene razón: se sabe que vos podés mover, dentro de tu estructura partidaria, los votos a tu favor, y esa decisión partidaria puede joder al resto de la población, y el resto de la población tiene derecho a opinar, también, acerca de quién, dentro de ese espectro, cree que le conviene. Y, aunque no lo vote yo, como oposición me conviene más ser oposición de Kirchner que oposición de Menem. O me conviene más ser oposición de Menem y no de Kirchner.

También tenés que entender que, una vez que se eligió, u otros eligieron por mí, ya no soy oposición u oficialismo, soy pueblo, ese señor me va a gobernar, y aunque yo sea oposición ideológica, voy a ser súbdito, ¿entendés? Yo estoy ahí abajo, y si estoy ahí abajo tengo derecho a decir quién me va a gobernar, y a decir cuál es mi idea acerca del gobernante.

Tiene razón Duhalde, tiene razón Menem, tienen razón todos, no tiene razón nadie. Ése es el problema.

CAPÍTULO 7

Tenemos que encontrar la esperanza

LA GENTE QUIERE INTEGRARSE Y NO LA DEJAN

Estoy en un momento de punto muerto. Estoy en un momento en que creo que todos tienen razón y que nadie tiene razón. Que se vayan todos, que se queden todos, que es lo mismo, que no es igual. Integrémonos, no nos integremos un carajo, total, estamos desintegrados, y da lo mismo. Creemos las asambleas barriales porque forman parte de la mayoría de la población; no, no forman parte de la mayoría de la población, vuelven a ser una minoría iluminada. En este caso muy pobre, pero iluminada de nuevo. Una minoría iluminada que vuelve a decir: "Nosotros somos el pueblo", y la gente la escucha y dice: "¡Qué bien habla!". Después, cuando llega el momento de votar, prefiere a Menem. Esto es terrible.

Si yo me dejara llevar por el éxito que tuve en los últimos veinte años, por cómo se me llena el teatro, por cómo me gritan bravo, por cómo me saludan desde el colectivero hasta el canillita, desde la señora de la calle Santa Fe hasta la de las barriadas humildes cuando voy a hacer notas por cualquier lado, cuando voy a visitar a parientes o amigos míos que viven en barrios humildes, y donde todo el mundo sale a la calle a decir: "Usted sí que habla"; si yo voy a pararme en lo que me dice el pobre, lo que me dice el rico, lo que me dice la señora del Colón, que me felicitan por mi valentía, si me voy a parar en todo eso, tendría que pensar que Menem no debería haber salido concejal ni de Villa Ojete. Y, sin embargo, ganó siempre. Lo cual quiere decir que si yo me creo todo eso que el rico, el pobre, el mediano o el canillita me dicen por la calle, debería pensar que a ese candidato no lo vota nadie. Y, después, lo vota la mayoría absolutamente definida, clara y neta. Una mayoría importante, sin trampas y sin fraude.

Me volvería loco si creyera en algo distinto a lo que sucede. Como yo no soy un político y no estoy en campaña, no me llamo a engaño. A la segunda o tercera vez que vi que me vivaban por lo que decía en el escenario, y que me felicitaban en la calle y en todos lados, que iba a un programa de radio o de televisión y llegaban ciento cincuenta cartas y mensajes, de los cuales ciento cuarenta eran de adhesión total y diez en contra, yo decía: "Bueno, quiere decir que esto es unánime". Y no era unánime un carajo; después votan por los de siempre, y sale esto que tenemos. Yo he aprendido que el pueblo tiene dos caras, y he aprendido que nosotros, los argentinos, preferimos las situaciones un poco más cómodas, que no somos radicales, que no queremos los extremos, y que no queremos de ninguna manera la guerra permanente ni la revolución permanente, ni el trotskismo. Si hay algo que el argentino no es, es revolucionario permanente. Ni siquiera el hambriento. El hambriento quiere empezar a comer, nada más. Una vez que empezó a comer, te dice: "Ya está, ya está, ya está...". Porque seguimos viviendo en un país de medianías, seguimos viviendo en un país donde el habitante de una gran parte de todas las zonas urbanas de la República Argentina con pobreza, villas miseria, comiendo ratas, todavía no se resignó a que es un país realmente paupérrimo explotado por el capitalismo. No. Nueve de cada diez de esas personas quieren incorporarse al capitalismo, y no las dejan. Están furiosas porque no las dejan incorporarse al sistema, y no porque el sistema no les gusta.

Y creo que ésta es la lectura equivocada que hace una gran parte de la izquierda. La gente quiere incorporarse al sistema con igualdad de derechos, no quiere cambiar de sistema. Esto es lo que me parece a mí.

Ahora la gente está optando por esto de organizarse en cooperativas porque se encuentra sin trabajo y económicamente arruinada. Cerraron las empresas, y al cerrar, la gente dijo: "Bueno, vamos a hacerla nosotros". Alguien me comentó en una asamblea barrial que, si uno se organiza, hay cooperativas de trabajo que pueden hacer funcionar las fábricas. Como fue el caso de una imprenta.

Fueron ocho o diez obreros a una imprenta cerrada, le dijeron al dueño si podían hacerse cargo, que los primeros dos años no le pagarían alquiler, pero que al tercero comenzarían a abonarle, y el dueño dijo: "Perdido por perdido, dale que vamos", porque el local está en Villa Culo y no podía vendérselo a nadie. ¿Qué podía hacer en el Bajo Flores? Pensó: "Tengo un terreno que me lo voy a meter en el orto. Mejor que lo usen estos pelotudos y que empiecen a hacer caminar la imprenta".

Esta cooperativa se hizo porque cerró la empresa, quebró después de ochenta años, o de setenta o de sesenta, porque los bisnietos de aquel gallego, de aquel tano, de aquel polaco, se pudrieron de las malas medidas económicas de los diferentes gobiernos que los llevaron al desastre, y cerraron. Y al cerrar, esos obreros se quedaron sin nada; algunos se fueron a hacer la cola para el plan Jefas y Jefes de Familia, otros estarán cartoneando, otros tal vez se suicidaron, otros se murieron de viejos, y el resto que quedó, dijo: "Vamos a hacer una cooperativa". No fue que esa gente tuvo el germen de la cooperativa, es decir, lo ideológico del cooperativismo. No. Está haciendo una cooperativa por necesidad. Y, ahora que lo aprenden, van a decir, seguramente: "Es mejor así". Pero se van a integrar al sistema, porque lo que buscan es integrarse al sistema.

La lectura que hacen algunos de que las asambleas barriales son un preámbulo de una gran revolución nacional es, como mínimo, un poco delirante. Aunque mucha gente va a las asambleas, mucha otra gente ha dejado de ir porque ve un factor partidista político demasiado evidente. A algunos eso les da miedo, pero otros dicen: "No, no, no, yo no me voy a meter en este quilombo. Lo que yo quiero es trabajar, lo que quiero es que los problemas del barrio se solucionen, lo que quiero es poder salir a la calle y que no me maten". Cuando empiezan con "Esto es culpa del Fondo Monetario, y tenemos que ir a la embajada norteamericana..." la gente se borra, por miedo y, al mismo tiempo, por no coincidir con eso. La formación burguesa de años, años y años —decenas de años— no se desmonta de un día para el otro. No alcanza ni siquiera esta terrible crisis para desmontarla, porque, además, la gente cree que lo que nos pasa es una crisis particular del país. La gente mira para otros lados, ve que este mismo sistema funciona un poco mejor, y quiere ese ejemplo. Por eso se van a España, por eso intentan irse a Italia, por eso intentan irse a los Estados Unidos, porque saben que, aun siendo inmigrantes ilegales, la pueden pasar mejor que acá. Y aunque en el 60% de los casos después no se cumple, esa idea está en la cabeza de la gente. Un 40% logra hacer pie en esos países, y el otro 60%, el que fracasa, dice: "Bueno, a mí no me tocó porque no tuve ojete, porque me descubrió la policía de migraciones o por lo que fuere. Si no, yo me hubiera quedado como fulano, mengano y zutano, que están allá y se integraron al sistema". Lo que quiere la mayoría es integrarse a un sistema capitalista que le permita vivir, que le permita curarse, que le permita tener un montón de cosas.

Eso es lo que pienso yo, aunque hay gente que no piensa así. La juventud, sobre todo, que es más radicalizada, porque entre los catorce y los veintipico de años siempre se radicalizaron. Siempre fue así, toda la vida.

ESTOY TOTALMENTE PASADO DE MODA

Nadamos siempre un poco contra la corriente histórica, contra la corriente de lo que somos. Tratamos de querer ser otra cosa que en realidad no somos. Y esto es siniestro para un pueblo. Creo que los pueblos están todos mal, pero los que están peor son los que quieren ser otra cosa de lo que son, los que nadan en contra de la corriente.

A nuestro pueblo no le interesa el proyecto colonial, ser aplastados por un poder de afuera que no lo deje respirar. No le interesa eso. Pero tampoco le interesa la organización comunista que no hay lugar en el mundo en donde se esté haciendo. Porque China está evolucionando hacia el capitalismo controlado, porque Cuba empezó a abrirse un poco cuando ya no daba más luego de la desaparición de la Unión Soviética y por los bloqueos, y todo lo demás.

Cuando los comunismos más acendrados, más fuertes, empiezan a dar un giro al capitalismo, nosotros no podemos empezar a dar un giro hacia el comunismo porque sería como bailar sin orquesta. Nosotros tenemos que apuntar hacia un capitalismo racional, y eso se puede hacer con movilizaciones, forzando a los dirigentes para que tengan en cuenta los derechos de la gente dentro del sistema. Para que el sistema dé trabajo. "Pero, el sistema no va a dar trabajo porque no le conviene". Bueno, hay que forzarlo a que lo haga. Hay que movilizarse, hay que reclamar por todo. No nos vamos a quedar con los brazos cruzados esperando que los que manejan el sistema digan: "Me parece que nos va a convenir darle a esta gente, porque si no...".

Soy una persona que todavía cree que se puede arreglar el sistema desde el sistema. Estoy totalmente pasado de moda, porque el espectro político está dividido entre los que dicen que hay que llevar el esquema del modelo a los extremos de ajustes terribles, y por el otro lado está Zamora. En el medio queda poca gente. Y los que quedan en el medio ¡son los radicales y el Frepaso! Entonces, ¿qué compañía tengo yo? Ninguna, porque ésa es toda la gente que fracasó en el intento. Por eso me encuentro perdido.

PARA LA GENTE, LO IMPORTANTE ES LO COTIDIANO

La inmensa mayoría de la gente sabe que vive su vida. La mayoría de la gente no es histórica. Los históricos son los iluminados, intelectuales, políticos —buenos o malos, honestos o deshonestos—, o los artistas. Es la que sale del montón, para bien o para mal, como los asesinos seriales. Es gente histórica, que vive una etapa sabiendo que está insertado en la historia, como el francotirador estadounidense que vivió matando a Dios y María Santísima, porque se sentía el protagonista de una etapa histórica, definitivamente. Tomaba la vida de los demás, era mesiánico. "Yo soy Dios, ¡pum! Porque yo estoy por encima de ustedes...". Por suerte, gracias a Dios, este tipo de gente es una cantidad ínfima.

La inmensa mayoría no vive históricamente, vive cotidianamente, con la pequeña historia de toda la vida. Está insertada en la historia; no se da cuenta. No vive históricamente.

Meses pasados escuchaba a Ricardo Darín referirse a su personaje en la película "Kamchatka" diciendo: "Yo nunca construí el personaje pensando que sería un desaparecido. El personaje no cree que va a ser un desaparecido, él no lo sabe. Por lo tanto, actúa con miedo, porque es un tipo que está huyendo siempre, pero no pensando que cada frase que le dice al hijo es lo último que le va a decir. Si yo lo hubiera hecho así, hubiera dramatizado y hubiera hecho un señor con poderes de adivinación. El tipo lucha y hace todo lo que hace porque cree que va a zafar. Cuando empieza la película, él no sabe que terminará siendo un desaparecido". Eso es lo que hacen todos los actores inteligentes cuando construyen un personaje. Si te toca un personaje histórico, si tenés que hacer a San

Martín y lo vivís como: "¡Serás lo que debas ser o no serás nada...!", con voz engolada, no está bien. San Martín, cuando lo dijo, lo dijo de pedo, porque se le ocurrió. Hay dos maneras de acercarse a los personajes: tomándolos como ser humano o tomándolos como bronce.

Esa cosa histórica no la tiene la inmensa mayoría de la gente. La gente vive su vida en su historia pequeña, cotidiana. Lo que la gente quiere es comer, lo que la gente quiere es trabajar, lo que la gente quiere, como posibilidad, es: me casé, tuve hijos, pude mantenerlos, les di una educación, y ya está. Ya está. Eso es lo máximo de perspectiva histórica que tiene la gente.

Entonces, toda esa historia de "Acá hay que acabar con el capitalismo, acá hay que acabar con el comunismo, acá hay que acabar con el terrorismo..." la tienen los iluminados, los que están ahí arriba por alguna razón, buena, mala, regular o peor. La gente no. Por lo tanto, la perspectiva histórica de la inmensa mayoría de la Argentina y del mundo no pasa por los grandes planes gubernamentales, ni de izquierda, ni de derecha, ni de militares, ni de civiles. Pasa por otra cosa, evidentemente.

Sólo cuando los grandes hijos de puta, los grandes payasos, los grandes líderes, los grandes mesías, empiezan a incendiar a sus pueblos con algún mensaje, los pueblos se ponen históricos, las masas se ponen históricas. Tiene que haber un tipo que, para bien o para mal, los incendie de una manera que, desde Gandhi a Hitler —de formas totalmente diferentes—, incendie a la gente en un proyecto común que incluya algo más que esa pequeña perspectiva de ir a Mar del Plata, a Miami, o poder insertarse en un laburito, y que no me falte nada, si me enfermo, que me puedan atender y no terminar en el medio de la calle en la vejez. Se incendia la gente con ese tipo de cosas cuando hay grandes líderes.

Esto es lo que Menem ha creído que es. Esto es lo que Alfonsín ha creído que es. Que se diferencian mucho de lo que sí fue Perón. Y se diferencian muchísimo de lo que en un momento fue Yrigoyen. Esa gente cambió la manera de pensar del pueblo durante un período. Tenían cierta categoría, la misma que Alfonsín y Menem, con todas las diferencias que hay entre los dos, creen que tienen, pero no. En el caso de Menem es más patético todavía. Él cree que cambió algo. ¿Qué cambió? Vendió todo. Él cree que le cambió la cabeza a la gente, y no. Lo único que hizo fue darle un montón de cosas a una parte de la sociedad, cosas que esa parte de la sociedad considera muy valiosas. Y que hoy, al no tenerlas, las considera más valiosas aún: el dólar uno a uno, por ejemplo.

El dólar uno a uno no le sirvió para nada al tipo que, en esa época, ya estaba en la lona. Pese a eso, yo digo: ¿hacia dónde va la gente? ¿Qué piensa la gente? En el momento en que se empiezan a quedar sin empleo, en la época de Menem, '91, '92, '93, '94, '95, yo dije: "No puede ganar. Porque es tanta la gente que está sin empleo, que le va a ser imposible ganar...". Lo votaron igual, porque decían: "Estoy sin empleo, pero mientras mantenga el uno a uno, esa platita que guardé en la lata puede servirme por si acaso. Lo voy a votar". La gente no relaciona la mala política de Menem con su falta de empleo porque no tiene un pensamiento histórico. Son cotidianos. Dicen: "Tengo en una lata mil quinientos pesos que junté —que son mil quinientos dólares—, y estos dólares me van a sacar de un apuro. Yo los dejo acá, y a la mierda. Si yo voto a los otros, por ahí vuelve la hiperinflación y termino teniendo, en lugar de mil quinientos dólares, cincuenta centavos. No los voto, lo voto a éste".

La gente vive obsesionada por sus pequeñas apetencias de todos los días, o para ver si llega al día de mañana. La gente vive de a veinticuatro horas. Dice: "Falta mucho para mañana", porque no sabe si mañana va a estar bien. "Por lo pronto", dice, "hoy salí, trabajé, no me echaron del trabajo, no tuve problemas en el colectivo, no me robó nadie, cuando llegué no habían intentado secuestrar a mis dos chicos a la salida del colegio, el perro no se cagó ni se meó, no necesita nada, mi mujer está bien, creo que hoy pasan un partido y lo quiero ver por la televisión. ¿Mamá, cómo está? ¿No habló? Entonces está bien, fenómeno. Por lo tanto ha sido un buen día". Y ésta es la vida de la gente.

Los políticos, metidos en su fárrago de comités, moviéndose para un lado o para el otro, con buena intención, con mala intención —hijos de puta, geniales, mesiánicos, líderes, imbéciles, mediocres, trepadores, no importa—, creen que la gente está pendiente de las cosas históricas que ellos piensan que realizan. Es como si yo creyera que la gente está desesperada por ir a verme al teatro. Que la gente tiene un objetivo en la vida: ver a Pinti. Y, entonces, cualquier cosa es buena para hacer el sacrificio de comprar la entrada "para verlo a este señor, porque a mí me cambia la vida". ¿La gente tiene en la cabeza ver a Pinti? No, yo surjo como una posibilidad entre mil posibilidades, y en esta Buenos Aires, una posibilidad entre tres mil. Primero, la posibilidad de "a ver si voy al teatro". Y, dentro de los teatros, "qué puedo pagar". Y, dentro de lo que puedo pagar, "a ver qué me gusta". Y, dentro de lo que me gusta, "ver lo que me queda cómodo". Y, dentro de lo que me queda cómodo, "ver si hay playa de estacionamiento cerca", y "ver si tengo coche", y "ver si no termina tarde", y "ver si no es largo", y ver si esto, y ver si lo otro, y ver si lo de más allá... Y después que la gente hace todos esos coladores, por ahí salgo yo como opción. Sería sobredimensionar si creyera que la gente vive exclusivamente para que, cuando llega el sábado o el domingo, en su tiempo libre, diga: "Yo voy a ir al teatro a ver a Pinti". ¿Estamos todos locos? Ésa es una posibilidad que tiene la gente. Una entre miles.

HABLAN DE FUTURO LOS MISMOS QUE ESTROPEARON EL PASADO

Ellos, los políticos, creen que la gente vive con esas apetencias. Por lo tanto, para bien o para mal, creen que la gente va a votar con un sentido histórico, con una perspectiva histórica. Les convendría que no sea perspectiva para atrás, porque a nueve de cada diez la perspectiva para atrás no los beneficia. Aunque en la República Argentina es algo que, parecería incongruente, tiene un costado que los beneficia porque, por cuestiones de inhabilidad de ellos o por cuestiones nacionales e internacionales, siempre se puede estar peor. En los últimos tiempos, generalmente hemos estado peor, año a año.

Es por eso que la perspectiva histórica de este momento le conviene a Menem. Por eso Menem apela a esa perspectiva histórica, y se vio en su última campaña con los carteles y los anuncios de la televisión: "Lo hizo, lo hizo, lo hizo...". Para él era muy importante porque la perspectiva histórica le convenía para estas apetencias cotidianas de la gente que no ve más allá de las narices. En cuantito se cague todo, ya no les conviene. Entonces, dicen: "Adelante. Es el futuro. Nuestro partido es el futuro. Del pasado, ni se fijen, porque estamos ahí, cagándolo". Y son siempre los mismos; los que hicieron las cagadas antes, ahora nos dicen que son el futuro.

Llegan a los 78 años en campaña, algo que es insalubre. Algún médico debería decírselo: "Quédese en la casa, abuelo, que usted ya no está ni para una campaña ni para nada". Sin embargo salen. Se hacen los que se sacrifican —en realidad, su egoísmo no deja surgir nuevas figuras—, y su miedo a perder el poder hace que sus delfines sean nada más que sardinas, y no delfines. No crean descendencia, por lo tanto siguen, como gerontes, hasta 78, 79 u 80 años, en muchos casos muy trajinados, porque los 78 de un político son 104 de cualquier persona normal. Entonces, siguen hasta esos 104 o 105 años, viejos, chotos, equivocándose en los discursos, diciendo cualquier cosa, con jadeos y veinte guardaespaldas para sostenerlos, porque no quieren dejar lugar a los demás. Llegan con esa cosa de gerontes políticos hablando sin acordarse de que fueron ellos los de las cagadas, porque su edad les permite haber cagado a tres generaciones. Sin embargo, es como que no tienen conciencia de eso.

Saben, de todas maneras, que antes cagaron de una forma diferente, quizás más preferible —sobre todo cuando se ve con perspectiva histórica— que la que pueden usar para cagarnos ahora.

Antes, con Menem, no había corralito, ahora hay corralito; por lo tanto Menem es un genio. Es un sofisma, es algo totalmente ilógico, pero hay gente que puede pensar así, porque De la Rúa puso el corralito y Duhalde puso la devaluación.

Ahora, con este veranito económico como ellos lo nombran y en cuanto ven que no hay cacerolazos y amainan un poco las protestas populares, que amainan un poco los movimientos sindicales, que amaina —apenas un poquitito— la efervescencia en los barrios y todo lo demás, en cuantito ven que no hay quilombos, empiezan a decir: "Miren que no me quedo más que hasta el 25 de mayo". Lo que ni se nombraba antes —no es caprichoso esto de hablar ahora del 25 de mayo—, porque no se sabía si iba a llegar a las 12 del mediodía de hoy, porque: "Cuatro manifestaciones más y me tengo que ir o tengo que reprimir...". Cuando mataron a los piqueteros en Avellaneda, que para el gobierno fue como un palo en el culo, se empezó: "Bueno, habrá que renunciar...". Cuando todo eso pasa y comienza a calmarse, y de alguna manera hay una cierta tranquilidad, ahí empiezan a pensar sobre su perpetuidad. "Señores, aprovechen esto, lo que va a venir va a ser mejor". Y yo estoy seguro de que no va a pasar mucho tiempo antes de que Duhalde diga que esto es un gran logro, que de la forma como él tomó el país, lo que ha hecho es cien mil veces mejor que la estabilidad de Cavallo o que el retorno a la democracia de Alfonsín. Porque recibió el país de una manera catastrófica, y lo que ha hecho es un milagro. Ha hecho que el dólar no termine en doce pesos, como estaba previsto, ha hecho que las protestas vayan calmándose, que no estaba previsto, ha hecho que los desbordes populares estén refrenados, ha hecho que... Y así seguirá nombrando todas las ventajas de su gestión.

En el eventual caso de que el próximo gobierno, sea quien sea, no pueda con esto y explote, Duhalde podrá ser una segura salida electoral. Una persona que estaba quemada, carbonizada, que no se iba a dedicar más a la política, de repente, por la inoperancia existente, puede llegar a tener una vuelta de campana y estar en el primer lugar.

Por eso, como dije antes, no sé qué pensar. Todo es rebatible, todo es discutible, todo es inseguro.

MIRANDO VIEJOS VIDEOS

Estaba viendo, los otros días, unos videos de mis espectáculos del año '92, y en el año '92 todavía teníamos un mal servicio de teléfonos, porque se había privatizado en el '90, y aún en el '91 y '92 era malo. Luego se superó, pero en el video yo me veía gritando por los malos servicios, poniendo el énfasis en que las privatizaciones habían sido desprolijas y que era una descapitalización del país y un generador de desocupación. Y decía: "Además, sigo teniendo el teléfono sin tono dos, tres, cuatro horas por día". Esto ocurría en los primeros tiempos de la privatización. Luego se elevó el nivel del servicio porque las empresas comenzaron a tener grandes ganancias que les dieron margen suficiente para mejorarlo.

El video todavía tiene vigencia por lo que dice de la desprolijidad de la privatización, pero, hasta ayer, ya no vale por lo del mal servicio. Ahora, todo vuelve para atrás, las empresas pesificadas quieren la suba de tarifas, y empiezo a no tener tono algunas veces, empiezo a tener problemas en el teléfono, llamo a reparaciones y ya no vienen tan rápido a solucionar el desperfecto. Empiezo a darme cuenta de que quieren un aumento. Y empiezo a darme cuenta de cómo van a volvernos locos, y si en seis meses las empresas privatizadas no logran obtener el aumento, otra vez va a salir un loro del teléfono a decirme: "No anda. Jodete. O aumento o nada".

Me doy cuenta de que hay cosas que uno dice y que pueden, digamos, pasar temporariamente de moda, pero el tema vuelve. El sarpullido, la llaga básica, vuelve. Porque las cosas se hacen mal, porque se las dejamos hacer mal, y encima los aplaudimos cuando hay uno que las hace menos mal que el otro.

Esto es lo que me asusta. No me asusta la incapacidad de ellos ni su falta de honestidad porque eso, supongo, existe en todas partes del mundo. Lo que me asusta es nuestra incapacidad para no darnos cuenta. Me da miedo.

NO HAY QUE VOLVER ATRÁS

El instinto de conservación de la gente hace que, de repente, pasen cosas milagrosas. Pero esas cosas milagrosas no tienen que embellecer románticamente el panorama y hacer que uno diga: "Bueno, está bien lo que pasa...". No, está mal tener necesidad de hacer esas cosas. Yo preferiría no hacer aflorar la heroicidad de la gente, sino que todo se solucionara normalmente. Después, con todo funcionando normal, mejor o casi normal, empezar a educar a la gente, para que no se olviden nunca de esto, para que no lo vuelvan a repetir.

Los que pasaron por real pobreza, real miedo, real miseria, real guerra, no quisieron hablar más de eso. Por eso, los inmigrantes vinieron acá, o a Brasil, o a Venezuela, o a México, o a los Estados Unidos, y no quisieron hablar más de guerra. Yo conocí a acérrimos republicanos y conocí a acérrimos franquistas, y ninguno de ellos quería volver a hablar de guerra. Porque habían pasado la guerra civil y no querían volver a hablar de ella. Defendían a muerte sus posiciones, se peleaban por la avenida de Mayo, volaban las sillas de los bares discutiendo pro y contra Franco, pero no querían volver nunca más a otra guerra. Esta enseñanza la aprovecharon y fueron para adelante. A lo mejor habrán tenido hocicadas, a lo mejor habrán tenido que olvidarse de alguna cosa, a lo mejor habrán tenido que hacer de tripas corazón, a lo mejor hubo de pasar mucho tiempo para que cicatrizaran las heridas, pero ellos no quisieron volver atrás. Hasta ahora no volvieron atrás.

Nosotros, en cambio, estamos permanentemente con las amenazas de volver atrás. Una parte de nuestro pueblo, y eso es lo peor, piensa: "Tendrían que volver los militares. Tendría que volver Menem. Yo, en la época del turco... ¡Uh, acá, como con Frondizi no se vivió nunca...! Dirán lo que dirán, pero Onganía fue un tipo que puso orden y restableció el equilibrio económico...". Hablan de Onganía, Frondizi, Perón, Alfonsín, pueden llegar a Rosas, que aunque no queda nadie de esa época igual lo nombran. Esa parte de la gente está como queriendo volver atrás a épocas que tuvieron cosas buenas y cosas malas, y algunas tuvieron cosas tan malas que, realmente, no se entiende cómo la gente no aprendió, cómo la gente, aunque no le hayan tocado los problemas de ese momento, no tenga un mínimo de vergüenza antes de decir semejante estupidez. Esa gente lo dice porque es tonta del culo o tonta de baba, como dicen los gallegos. De otra manera, no se puede creer que la gente pida siempre el retorno al pasado.

En España también lo pedían. "Aquí tendría que volver Franco...", pero era un sector reaccionario de la sociedad que no era mayoritario y que, es evidente, no tuvo peso. En España volvió toda la derecha que te puedas imaginar menos ese monstruo franquista censurador, de decir: "Qué vergüenza, no se puede pasar tal película. Éste no trabaja, éste tampoco...". No volvió; aquel horror no volvió. ¡Y mirá que España era totalmente retrógrada! Que estaba divida en la mitad sí y la mitad no. Y a pesar de haber pasado la guerra, a pesar de lo que sufrieron, la mitad seguía siendo pro y la otra mitad contra. Sin embargo, no volvieron a caer en la tentación de ir para atrás.

Hasta ahora, nosotros tampoco hemos ido para atrás —salvo económicamente—, y las voces que hoy piden una dictadura pertenecen a grupos ultramontanos, de gente muy fundamentalista. Pero es tan permanente la cantinela que oigo de: "Debería volver Menem, deberían volver los militares, debería volver Frondizi, debería volver Onganía. Yo, en la época de ellos...". Creo que la gente confunde los tantos y eso no nos da sensación de pueblo maduro, da sensación de imberbes, de tontos, de púberes, que siempre están pensando que el vecino está mejor, que el de atrás es mejor, y nunca están viviendo su propia realidad.

SER ÚTIL EN ALGO

Nuestros mayores, que en una gran proporción eran inmigrantes, tuvieron en nuestro país una actividad social y de solidaridad realizada, en principio, para defender su colectividad. Se juntaban los gallegos con los gallegos, los asturianos con los asturianos, los andaluces con los andaluces, los vascos con los vascos, y creaban el Centro Andaluz, el Centro Vasco, el Centro Gallego, el Centro Lucense. Los italianos hacían lo mismo: el Centro Abruzzese, el Centro Napolitano... Lo hacían para no extrañar la patria, lo hacían para tener un diálogo común, un código común. Pero, pasando el tiempo, fueron dejando de tener aquellos códigos. Por eso, los hijos y los nietos de ellos comenzaron a ir a cualquiera de esos lugares, y se podía ver a un italiano yendo al Centro Andaluz. A esa altura, ya no importaba nada la ascendencia.

Esta especie de milagro que se armó acá, en la República Argentina, ha sido desdeñado muchas veces, y mirado por encima del hombro por un montón de gente que creyó superadas esas cosas. Pero me parece que es algo muy atendible, porque es algo que creó la gente en estado de desesperación y de crisis, y lo hizo para olvidar su crisis, para olvidar su problema de desarraigo y miseria. Claro, lo hicieron en un contexto y en un país que, con todas las injusticias sociales que tenía, les permitía trabajar. Por eso te digo que lo primero es el trabajo. A partir del trabajo vos decís: "Ahora, en mi rato de descanso voy a hacer esto". Incluso la gente, hoy, lo está haciendo sin tener trabajo o sin tener un rato libre. Lo está haciendo a cojones. Muchos desocupados también lo están haciendo y, en muchos casos, lo hacen para volver a tener un trabajo, para volver a tener algo que hacer. La otra vez veía por la televisión testimonios muy desgarradores de gente que está haciendo trabajos en un hospital por cien pesos por mes. Eran personas que antes pudieron haber sido radiólogas, o sirvientas —y ahora podían ser enfermeras—, o serenos —y ahora podían cubrir un turno a la noche—, que lo hacen nada más que por los cien pesitos que les puede dar ese hospital. Esos cien pesos no le alcanzan, realmente no le alcanzan, pero sí le alcanza saber que está tomando radiografías otra vez, que le está diciendo a alguien: "Quietito ahí, no respire", que está sirviendo para algo. Y que eso que estudió, eso que le llevó tiempo aprender, le sirvió para algo, porque con los cien pesos ni el culo se limpia. Pero vive mucho mejor gracias a esas cuatro o cinco horitas que trabaja. Vive muchísimo mejor.

Esto es esencial, es básico, y todo lo que se haga en el sentido de darle una razón de vivir a la gente es poco. Y hoy no se hace casi nada. Por lo menos, la mayoría de las cosas que se hacen no parte desde las entidades gubernamentales o paragubernamentales. Parte, en el 80% de los casos, de la gente, de los grupos que se van formando.

Esto, de todas maneras, lo hace aquel sector de la gente que considera que uno está en la historia, mínima pero grande. Esa gente es la que dice: "Yo no me voy a quedar acá, de brazos cruzados, echándole la culpa sólo al Fondo Monetario Internacional. Yo, además de echarles la culpa al Fondo, a los hijos de puta que hicieron los negocios con el Fondo y a todos los que quieras, no pienso quedarme en mi casa ni quedarme en la pancarta. Voy a ir y voy a hacer algo, para no morirme de hambre pero también para no morirme de depresión, sobre todo".

Creo que todo esto son las puertas de la esperanza de la gente, de toda la vida. Por eso en los campos de concentración la gente formaba una orquesta o formaban un equipo de fútbol. Ellos, como decía Darín sobre su personaje de "Kamchatka", no sabían que podían terminar en la cámara de gas, creían que zafaban. Por eso, como creían que zafaban, sacaban de la mierda un equipo de fútbol, una orquesta o un grupo de trabajo manual.

Porque, aun teniendo como perspectiva negra la cámara de gas, ellos sabían que lo que les quedaba de vida debían aprovecharlo en algo importante. Morir por morir, es mejor morir luego de haber hecho algo que morir esperando la muerte.

Éste es el único reaseguro que tienen estas sociedades. Pero, como no está fomentado por nadie, llegará un momento en que esas iniciativas se podrán perder o disminuir. Aunque, soy optimista; pienso que puede disminuir, porque perderse del todo, no. Eso es algo que no se dará nunca.

EL TRABAJO Y LA CLARIDAD DE IDEAS

El trabajo es básico.
Es básico porque, aunque más no sea, te ocupa tiempo. El que no trabaja está desesperado porque no tiene plata, porque no puede mantener a su familia y se siente indigno, pero, además, está desesperado al no saber qué hacer con su tiempo. Tiene tiempo en blanco, y el tiempo en blanco, si vos tenés un manguito, está bien, porque decís: "Voy a tomar algo, voy a comer algo, voy a un cine, voy al teatro o me compro una pizza". Pero, si vos no tenés nada, el tiempo pasa como si estuvieras en la cárcel, porque estás encarcelado por la falta de trabajo. Incluso, peor que en la cárcel, ya que allí te dan de comer, mal, pero te dan de comer. En cambio, si estás desocupado no comés vos ni le das de comer a tu familia. Más que una cárcel, es el infierno. Si estás en la cárcel condenado a perpetua, dirás: "Algún día me moriré y esto terminará", pero el infierno es eterno, no salís nunca. Da la sensación de que esto sólo termina con la muerte, lo que nadie quiere y que, mientras no te mueras, es un infierno. Porque no tenés qué hacer, días y días, meses, y a veces años.
El trabajo es una esperanza, porque te ocupa tiempo. Después, porque genera todo lo que genera, empezando por la sensación de que sos útil. Las personas que quitan trabajo son imbéciles, directamente. Idiotas. Viven en su propia nube, no se dan cuenta de lo que están haciendo, de que esto es a largo plazo y que es una lesión cerebral incurable para todo aquel que está mucho tiempo sin trabajar.
La otra esperanza es la claridad de ideas que uno debe tener acerca de qué quiere en la vida. Si uno quiere

vegetar, consumir, trabajar, reproducirse y morirse, o si uno quiere algo más que eso. Si uno quiere algo más, evidentemente hay que pelear por obtenerlo. Y si uno quiere que el trabajo sea productivo, que el trabajo sea creativo, que los ratos libres estén ocupados por cosas importantes, quiere formar una familia para tener un grupo de armonía, no un grupo de autoritarismo o un grupo de desconche —"Hacé lo que quieras, no me importa nada. ¿Dónde está? Qué sé yo, no vino a dormir...", una familia así, no sirve—, uno tiene derecho a pensar que pasa por la vida para algo más que para tener un laburo, comer, coger, en todo caso tener un hijo, plantar un árbol y escribir un libro, y el resto, sentarme a esperar la muerte. Eso sería terrible.

Las esperanzas están también en conseguir cosas en medio del caos. Mucha gente lo hace. Una enorme cantidad de gente creó los clubes del trueque, y aunque ahora parece que cayeron en desuso, le sirvieron para todos estos meses horribles, desde diciembre hasta agosto o setiembre. El trueque sirvió. Y si no es el trueque, es la asamblea barrial que sirvió y sirve. Y, si no, son los del centro de jubilados que se juntan y dicen: "Vamos a poner lo poco que nos sobra a nosotros para darle a alguno que tiene menos o no tiene nada". Por ahí, van y se lo dan a los chicos de la calle.

Todos estos emprendimientos que la gente realiza no son sólo la esperanza de la Argentina, son la esperanza del ser humano. Y ésas son cosas que no mueren; todavía no se da de manera mayoritaria, desgraciadamente. Pero no mueren. Aquí sí puede haber un sentido histórico en la gente. En el único momento en que la gente se pone con perspectiva histórica es ahí, en el momento de necesidad, de crisis, de hambre, de carencias. La desocupación, la falta terrible de trabajo, los arrincona contra una pared, y ya no es ir a San Cayetano a pedir, sino a mirar a tu alrededor y ver que hay gente que está mucho peor, y a partir de ahí, a uno de cada cien —o uno de cada doscientos— se le ocurre una idea para poder ser solidario con la gente, para poder reunirse, para hacer algo. Que no pasa por lo político ni por la agitación ni por la bandera, sino que pasa por la necesidad de sentirse útil en alguna actividad. Puede ser cuidar enfermos, realizar un voluntariado o la creación de una biblioteca...

Yo creo que eso es lo que hace la gente, permanentemente.

Y es desde ese lugar de donde puede venir otro país distinto, otra República Argentina mejor. Desde la actividad de las fuerzas vivas, de las que hablamos al principio, desde la red de solidaridad que vemos a diario, desde los emprendimientos mínimos que llevan a cabo grupos de personas, y desde la reconstrucción del tejido social por medio de actividades productivas.

Sólo necesitamos entender que la cosa viene por ahí. Nada más que eso es necesario comprender.

ÍNDICE

CAPÍTULO 1
El país es una foto del 20 de diciembre de 2001 7
   Argentina aún vive 9
   Hasta la Krueger habla del hambre 11
   Una foto de mala calidad 13
   Se trata de entender al otro 15
   Siempre blanco sobre negro 17
   El virus de la especulación 19
   El autismo político 21
   La epidemia del engaño 23
   También fuimos cómplices 25
   Mi inagotable capacidad de asombro 27

CAPÍTULO 2
No soy partidario de la violencia 29
   Ventajas de la protesta pacífica 31
   Juntos, pero no mezclados 34
   Peleándonos entre nosotros 36
   No nos cansamos de decir estupideces 38
   ¿Para qué quieren el autoritarismo? 40
   Fueron otras épocas 43
   ¿Qué cambió luego del cacerolazo? 46
   Los del Fondo son negociantes, no demonios 48
   La no violencia ofrece logros duraderos 50

CAPÍTULO 3
La loca memoria selectiva 53
   Todo se hace mal, o muy mal 55
   Argentinos sin recuerdos 58

Un país de irrealidades 60
Cuando yo estaba, esto no ocurría 63
¿Quién asume las culpas del desastre? 65

CAPÍTULO 4
Un país donde sólo importa la imagen 67
   La opción al "modelo" siempre estuvo... en los
      papeles 69
   Suiza, pero al revés 72
   Los análisis son siempre claros y brillantes 73
   Enemigos y facciones 76
   La libertad sirve para fijar límites 79
   Dicen que la pobreza no es justificativo 82
   Trabajo y vocación 83
   La solución ideal sería gobernar desde la oposición 85
   Los que muestran el camino 87
   Ahora se vota al hombre, no al partido 89
   De la Rúa, la contracara 91
   El Lole es el Fernando del peronismo 93
   La cruz de Lilita 95
   Los Kirchner, una incógnita 96
   Las internas son feroces 98
   El descreimiento en la Justicia 100
   Hay que cambiar de actitud 105
   Menem, ¿ocaso o renacimiento? 109

CAPÍTULO 5
Algunas frases me tienen repodrido 111
   Estoy podrido de la palabra populista 113
   ¡Qué poco previsibles somos! 116
   Candidatos de terror 120
   Un bochorno: "Mis medidas no son simpáticas" 123
   La colimba no es la guerra, pero tampoco la
      solución 126
   Todo está teñido por el acomodo o la corrupción ... 130
   El equilibro, un lugar difícil 133

CAPÍTULO 6
Ellos generalizan, nosotros no podemos 137
   Que se vayan todos 139
   Cansancio moral: ¡en la Corte hay sentimientos! 141
   Una interna que nos toca a todos 144
   En este país todo es provisorio 148
   Necesitamos un saneamiento político 151
   La lucha de pobres contra pobres 154
   Estamos vacíos de ideología 156

CAPÍTULO 7
Tenemos que encontrar la esperanza 161
   La gente quiere integrarse y no la dejan 163
   Estoy totalmente pasado de moda 167
   Para la gente, lo importante es lo cotidiano 169
   Hablan de futuro los mismos que estropearon el
      pasado 173
   Mirando viejos videos 176
   No hay que volver atrás 178
   Ser útil en algo 180
   El trabajo y la claridad de ideas 183

Esta edición de 10.000 ejemplares
se terminó de imprimir en
Indugraf S.A.,
Sánchez de Loria 2251, Buenos Aires,
en el mes de diciembre de 2002.

www.indugraf.com.ar